JN132606

もくじ

「ビジネス・マネジメント」
重要用語一問一答アプリは
こちらからアクセス

本書の使い方

●時事テーマ問題

近年話題になった時事や注目されている時事をテーマにした設問です。

●重要用語の確認

科目「ビジネス・マネジメント」の指導項目に対応した重要用語を確認する設問です。

●模擬試験問題

検定試験と同じ形式の模擬試験問題です。

◆解答・解説(別冊)

本書に掲載した問題の解答・解説とともに、出題テーマやPointについてまとめています。

過去の検定試験問題の解説と学びの記録シートはこちらからダウンロード

模擬試験問題の内容・構成

模擬試験問題の内容・構成は、下記の項目別出題基準に従いました。

(1)ビジネスとマネジメント	6問	各2点・計50問
(2)組織のマネジメント	10問	
(3)経営資源のマネジメント	20問	
(4)企業の秩序と責任	}14問	
(5)ビジネスの創造と展開		

① 次の文章を読み，問いに答えなさい。

　ビジネスの創造においては，(a)ビジネス・モデルが重要になる。ここでは，2022年に話題になったビジネス・モデルについてみてみよう。

　登山者に人気のサービスとして，Ａというアプリがある。Ａは，スマートフォンに搭載されているＧＰＳとオリジナルの地図をマッピングすることで，電波の届かない山のなかでも自分の現在地と行き先がわかるアプリである。Ａは遭難や事故を防ぐことができるため，安心・安全な登山を支えるサービスである。Ａが開発されたきっかけは，開発会社の代表のＸさんが登山をしているときに，電波が通じず，スマートフォンの地図アプリは使えなかったが，ＧＰＳの位置情報だけは電波の状況に関係なく正しく表示されていたのに気が付いたことであった。当時，登山用のＧＰＳ機器は高価で気軽に買えるものではなく，(b)これまで地図アプリの存在を知っていても，電波が届かなければ登山に使えないと思っていた顧客が多いはずだと考え，Ａの開発を始めたのである。

　このＡというアプリは無料で使用することができる。しかし，無料で使用できる地図の数が少なかったり，天気予報が使えなかったりするなど顧客は不便を感じるため，多くの顧客は高機能な有料サービスへ誘導される。このように，(c)基本的なサービスを無料で提供し，さらに高度なサービスや機能に関しては有料で行うことにより収益を得るビジネス・モデルとなっている。

問１．下線部(a)の説明として，適切なものを一つ選びなさい。
　ア．顧客の決定，提供価値の決定，提供方法とその仕組みという一連の組み合わせのこと
　イ．労働，資本，生産手段などの新しい組み合わせのこと
　ウ．雇用機会，労働時間，賃金の組み合わせを変化させること

問２．本文の主旨から，下線部(b)を何というか，次のなかから適切なものを一つ選びなさい。
　ア．顕在顧客　　イ．潜在顧客　　ウ．未知の顧客

問３．下線部(c)を何というか，次のなかから正しいものを一つ選びなさい。
　ア．リカーリング　　イ．クラウドファンディング　　ウ．フリーミアム

●解答欄

問1	問2	問3

② 次の文章を読み，問いに答えなさい。

　2022年のヒット商品に，Ａ社の乳酸菌飲料Ｘがある。この乳酸菌飲料には，「乳酸菌 シロタ株」が１mlあたり10億個含まれており，一時的な精神的ストレスがかかる状況での「ストレス緩和」「睡眠の質向上」などの機能を持つ機能性表示食品として販売されている。

　Ａ社の従来の商品Ｙは，伝統的で親しみやすく子どもが安心して飲むことができるという商品であったが，(a)乳酸菌飲料Ｘは，今までにない「ストレス緩和」や「睡眠の質向上」といった新たな機能が加わったことから，この機能を必要とする人をターゲットとした。

　Ａ社では，自転車や三輪スクーターなどで住宅地やオフィス街などを回って販売する「Ｙレディ」が活躍している。Ａ社が公開している2022年の資料によると，乳製品の販売構成比はＹレディが50.4%，店頭・販売機が49.6%となっている。近年はインターネットによる注文を受け付けており，(b)インターネット注文サイトは2017年10月に首都圏エリアを中心にスタートし，2018年９月に全国展開したが，これらの商品を届けるのもＹレディである。

　Ｙレディが商品Ｙの多くを顧客に届けるため，販売接点としてＹレディの顧客対応力が重要になる。そこで，(c)Ａ社では，開発研究部門の社員からＹレディに対して乳酸菌飲料Ｘの知識を伝えてもらったり，飲用体験してもらったりした事例を顧客に伝えながら販売している。

　このように，Ａ社の乳酸菌飲料Ｘのヒットは，商品自体の機能に加えて，その機能を的確に顧客に伝えたＹレディの存在が大きかったといえるだろう。

問１．本文の主旨から，下線部(a)とは主にどのような顧客か，次のなかから最も適切なものを一つ選びなさい。
　　ア．働き盛りの30代から50代のビジネスパーソン
　　イ．部活動で忙しい中学生や高校生
　　ウ．栄養が必要な妊娠から出産までの女性

問２．下線部(b)をどのようなイノベーションというか，次のなかから最も適切なものを一つ選びなさい。
　　ア．Ａ社，Ｙレディ，店頭・販売機を結合させたサプライ・チェーン・イノベーション
　　イ．住宅地，オフィス街，Ｙレディを結合させた組織イノベーション
　　ウ．ＥＣサイトとＹレディを結合させたマーケット・イノベーション

問３．本文の主旨から，下線部(c)を行う理由は何か，次のなかから最も適切なものを一つ選びなさい。
　　ア．他社の商品とは異なる価値を訴求する差別化戦略を行っているから。
　　イ．他社の商品と違いがないことを訴求する同質化戦略を行っているから。
　　ウ．自社商品を機能性食品というニッチ市場に訴求するランチェスター戦略を行っているから。

●解答欄

問１	問２	問３

「ビジネス・マネジメント」
重要用語一問一答アプリは
こちらからアクセス

❶ビジネスとマネジメント

1	他者との協働を通じて，組織の目標を達成することを何というか。	
2	特定の人々を顧客と定め，顧客のニーズを充足させ，顧客が抱える課題を解決する営利活動を何というか。	
3	ビジネスの創造によって社会の課題とニーズに応えることを何というか。	
4	社会に存在する課題のことを何というか。	
5	資源や財の配分について，無駄がある程度のことを何というか。	
6	事業創造を通じて社会的課題の解決を目指す一連の活動を何というか。	
7	都合が良く利益があることを何というか。	
8	事業などをして得るもうけ，利潤のことを何というか。	
9	新たに事業を興す人，企業を立ち上げる人を何というか。	
10	企業家による，社会の制度や慣習，文化をより新しく改める活動を何というか。	
11	製品やサービスが，より広く社会で受け入れられることで，社会の制度や慣習，文化が変化し，社会に経済的な革新が起きる現象のことを何というか。	
12	イノベーションという言葉を初めて定義し，新結合の五つの要素を示した経済学者は誰か。	
13	ヨーゼフ・シュンペーターによって初めて定義されたイノベーションと同意義の言葉を何というか。	
14	ヨーゼフ・シュンペーターの提言した五つの新結合のタイプのうち，新しい製品機能，新しい品質をもたらす革新を何というか。	
15	ヨーゼフ・シュンペーターの提言した五つの新結合のタイプのうち，生産工程において新しい生産方法をもたらす革新を何というか。	
16	ヨーゼフ・シュンペーターの提言した五つの新結合のタイプのうち，市場において新しい販売経路をもたらす革新を何というか。	
17	ヨーゼフ・シュンペーターの提言した五つの新結合のタイプのうち，原材料や半製品などの新しい供給源をもたらす革新を何というか。	
18	ヨーゼフ・シュンペーターの提言した五つの新結合のタイプのうち，新しい組織をもたらす革新を何というか。	
19	人間が合理的に行動しようとしても，物事を認知する能力に限界があるために，限られた合理性しか持つことができないことを何というか。	
20	すべての物事を計画通りに進めることはできないという状態を何というか。	
21	社会活動において，現状を維持し変化を避けようとする傾向を何というか。	
22	動物的衝動，血気または野心的意欲というような意味で用いられ，企業家精神に基づく活動を表現する言葉は何か。	
23	企業家精神と訳され，事業創造やイノベーション実現の担い手となる企業家が持つ気質や能力，行動様式のことを何というか。	

24	アントレプレナーシップの訳語である，企業家が持つ気質や能力や，行動様式のことを何というか。	
25	企業家が，社会に対して発信する基本的な方針や方針のもとになる価値観のことを何というか。	
26	経営理念に基づいた具体的な方策のことを何というか。	
27	イメージやデザイン，メッセージの開発と発信を通じて，企業の独自性やあるべき姿を顧客や従業員に訴求して，企業の存在意義を高める活動を何というか。	
28	自社の強みや長所を活かせる場所であり，自社が提供する製品やサービスを必要とする顧客が社会に存在する可能性のことを何というか。	
29	すでに自身の製品やサービスを購入してくれた顧客を何というか。	
30	まだ自身の製品やサービスを購入していないが購入してくれる可能性のある顧客のことを何というか。	
31	まだ存在していないが，自身の商品を将来必要としてくれる顧客のことを何というか。	
32	社会で必要だと思われる程度のことを何というか。	
33	自社の製品やサービスを必要とする顧客を何というか。	
34	市場全体を複数の顧客集団から成り立っていると想定し，異なる顧客グループに類型化し，細分化することを何というか。	
35	セグメンテーションによる複数の顧客集団のことを何というか。	
36	市場調査の手法のうち，新聞や雑誌，統計資料などの公刊資料を利用した調査を何というか。	
37	市場調査の手法のうち，インターネットを利用した調査を何というか。	
38	市場調査の手法のうち，顧客の無意識の行動からニーズを明らかにする調査手法を何というか。	
39	市場調査の手法のうち，紙を利用した調査からニーズを明らかにする調査手法を何というか。	
40	インタビューや訪問調査，行動観察，質問票調査などの手法がある，市場や顧客の動向を知るために行われる調査を何というか。	
41	潜在顧客の集まりを市場と捉えた潜在市場の規模を何というか。	
42	顧客ニーズが存在するにもかかわらず，はっきりとは顕在化していない市場のことを何というか。	
43	企業が事業活動を通じて，社会が直面する課題を解決し，社会に対して負うべき責任を何というか。	

❷組織のマネジメント

44	競合企業との差別化によって，自社の製品やサービスが顧客にとってなくてはならない「かけがえのない存在」になっている状態を何というか。	
45	競争に勝つための能力のことを何というか。	
46	稼いだ利益を自分のものにすることを何というか。	
47	インプットをアウトプットに変える能力を何というか。	

48	本来必要とする数量に比べて少ない数量しか供給できない状況を何というか。	
49	競合企業が，既存の製品やサービスと類似した製品やサービスを提供できる可能性のことを何というか。	
50	製品やサービスが普及することにより，競合企業間で提供する性能や機能，品質において同質化が進展し一般的な商品となる状況を何というか。	
51	他社が容易に模倣することができない，他社とは異なる手段を実施したり，価値を訴求したりする戦略を何というか。	
52	競合企業の類似品を製品化することで，顧客獲得において先行する企業などへの追従を目指す戦略を何というか。	
53	企業が取るべき具体的な行動のことを何というか。	
54	ビジネスの存続に影響を与えるさまざまな要因を，ビジネスの外部環境と内部環境の両方から整理する分析方法を何というか。	
55	SWOT分析において,競合他社と比較して優っている点を日本語で何というか。	
56	SWOT分析において,競合他社と比較して劣っている点を日本語で何というか。	
57	SWOT分析において，ビジネスに望ましい影響を与える要因のことを日本語で何というか。	
58	SWOT分析において，ビジネスに望ましくない影響を与える要因のことを日本語で何というか。	
59	政治的要因，経済的要因，社会的要因，技術的要因から，ビジネスを取り巻く外部環境の影響に注目する分析方法を何というか。	
60	PEST分析において，政治的安定性や法制度遵守の強制力，規制やルールの有無などによる要因を日本語で何というか。	
61	PEST分析において，景気動向や金融政策，労働力の需給や安定性などによる要因を日本語で何というか。	
62	PEST分析において，教育制度や契約の遵守，信頼の程度などによる要因を日本語で何というか。	
63	PEST分析において，研究開発や技術開発，ICT，AIなどの水準や動向による要因を日本語で何というか。	
64	PEST分析によって特定することができる，ビジネスの存続可能性と成長可能性に影響を与える要因を何というか。	
65	対象とする市場で上げることができるかもしれない潜在的な収益の大きさを何というか。	
66	ビジネスを取り巻く外部環境から存続可能性や成長可能性を評価する際に，利益ポテンシャルに注目する分析方法を何というか。	
67	ファイブ・フォーシズ分析において，業界における競合企業間の競争の激しさを示す言葉のことを何というか。	
68	ファイブ・フォーシズ分析において，顧客のことを何というか。	
69	ファイブ・フォーシズ分析において，供給業者のことを何というか。	
70	ファイブ・フォーシズ分析において，異なる業界から参入してくる企業を何というか。	
71	ファイブ・フォーシズ分析において，競合企業が増える原因となる商品のことを何というか。	
72	競合企業と比較して独自性が高く，他社が容易に模倣できない製品やサービスを提供できる能力を何というか。	
73	環境変化に応じて既存の中核能力を新たな中核能力へと変えていく能力を何というか。	

74	ビジネスの存続可能性や成長可能性を，価値，希少性，模倣可能性，組織という四つの内部環境という観点から検討し，経営資源の重要性を明らかにする分析方法を何というか。	
75	現状から目標を達成するための道筋を決めることを何というか。	
76	目標の達成のために効率性を追求して資源を使用することを何というか。	
77	計画，実行，評価，改善から構成される一連の改善活動を何というか。	
78	経営者や管理者が人々の集合をつくり，必要なタスクを部門や個人に割り振ることを何というか。	
79	業務において行われるべき一つひとつの活動のことを何というか。	
80	一般的には生産に投入したインプットとアウトプットの比で表されることを何というか。	
81	組織成員に必要なタスクを振り分けることを何というか。	
82	タスクの遂行が円滑に進むように，各組織成員がとるべき行動を事前に決めたり，組織成員どうしで問題が生じたときに管理者が介入したりすることを何というか。	
83	イギリスの経済学者で，ピン工場を例に挙げ，分業は経済発展の基礎であると述べた人物は誰か。	
84	一方が指示し，もう一方が指示を受ける上下の権限関係をつくる分業のことを何というか。	
85	立場が同じ者どうしで行われる分業のことを何というか。	
86	何らかの問題とその対応方法を合わせて何というか。	
87	行動プログラムで想定されていないことを何というか。	
88	上司などの権限を持つ者が行う，例外事象への対応方法を何というか。	
89	同じ階層における組織成員どうしが連携してタスクを調整する，例外事象の対応方法を何というか。	
90	管理者が指揮，監督することができる人数を何というか。	
91	階層制を構築する上で重要な原理の一つである，権限の大きさと責任の重さを同等にすることを何というか。	
92	事故や故障などの例外事象が起こった際に適切に対応するための行動マニュアルを何というか。	
93	各部門がどのように編成され，どのような関係にあるかを示し，多くの場合，経営者などの代表者を上部においたピラミッドのような形で描かれる図のことを何というか。	
94	組織内部における部門の編成の仕方を類型化したものを何というか。	
95	組織図において，部門をつなぐ線のことを指し，上から下へは命令の伝達，下から上には情報の報告などがなされるものを何というか。	
96	組織図において箱で描かれる，同じタスクを行う人のまとまりを何というか。	
97	組織において，主要な業務に関わり，経営者から続く指揮命令系統でつながれている部門と組織成員のことを何というか。	
98	組織において，主要な業務に関わるラインの活動を支援する役割を担う部門と組織成員を何というか。	

99	利益責任単位である事業部のもとに，製造や販売などの機能を持つ部門が配置される組織形態を何というか。	
100	経営者のすぐ下の部門が，製造や販売などの職務ごとに部門が分かれて編成されている組織形態を何というか。	
101	ツー・ボス・システムや横断的組織ともいう，機能別組織と事業部制組織が混合した組織形態を何というか。	
102	一人の部下に対して二人の上司が命令を与える体制を何というか。	
103	マトリックス組織とも呼ばれ，機能別組織と事業部制組織の混合系である組織形態を何というか。	
104	特定の目的のために，期限を設けて組織内から人材が招集されて編成される部門のことを何というか。	
105	事業活動の成果を利益によって評価される部門のことを何というか。	
106	明確な階層を持たない組織を何というか。	
107	事業部の中に，事業活動に必要な機能がどの程度備わっているかを示す概念を何というか。	
108	組織において，部下は一名の上司のみから命令を受けるべきという考え方を何というか。	
109	商品の企画，開発から販売に至るまでの期間のことを何というか。	
110	プロジェクトにおいて，権限を持つ役職を何というか。	
111	従来社内で内製していたものを外注に切り替えることを何というか。	
112	部品の調達方法において，他社から購入することを何というか。	
113	市場で購入していた部品などを内製に切り替えることを何というか。	
114	他者と取引を行う際に発生するさまざまな費用の総称は何か。	
115	部品の調達方法において，社内で生産することを何というか。	
116	長期的に取引することなどで築かれる，協力的であり安定的な取引関係のことを何というか。	
117	「市場浸透」「新商品開発」「新市場開拓」「多角化」の四つに分類される，ビジネスの拡大に関する基本的な方針を策定する際に活用される考え方を何というか。	
118	成長マトリクスにおける成長の方針の一つで，既存の商品を使って既存の市場で成長していく方針のことを何というか。	
119	成長マトリクスにおける成長の方針の一つで，新たな商品を既存の市場に出すことで成長していく方針のことを何というか。	
120	成長マトリクスにおける成長の方針の一つで，既存の市場とは異なる新たな市場に，既存の商品を出すことで成長していく方針のことを何というか。	
121	既存の商品と市場から同時に離れて，新たな市場に新たな商品を出して成長していく方針を何というか。	
122	企業に蓄積された経営資源やコア・コンピタンスを活用して，これまでの商品や市場とは全く異なる分野に進出する多角化のことを何というか。	
123	直接的な関連性を持たない新たな事業に進出する多角化のことを何というか。	
124	非関連型多角化などにより，多種多様な事業に参入している企業を何というか。	

125	展開する事業が事業ライフサイクルの成熟期または衰退期を迎え，既存事業では成長が期待できないことを何というか。	
126	時間の経過と事業の売上の関係を捉えたものを何というか。	
127	単一事業への依存を軽減することを狙って，既存の事業が不振に陥った際に支えとなる新たな事業への多角化を進めることを何というか。	
128	二つ以上の商品を別々の企業がそれぞれ独立して手掛けるよりも，同じ企業内で二つ以上の商品を手掛けたほうが費用が小さくなったり利益が大きくなったりすることを何というか。	
129	企業が展開する事業全体の構成，組み合わせのことを何というか。	
130	事業ポートフォリオの転換のことを何というか。	
131	事業転換を成し遂げるために必要な能力が欠けているのに，どのようにして事業転換を成功させるのかというジレンマを何というか。	
132	事業転換において，魅力的な事業ほど競争が激しくなるため，多くの企業が魅力的と考える事業に進出するほど利益を上げることが難しくなるというジレンマを何というか。	
133	多角化している企業のことを何というか。	
134	事業ポートフォリオの構築においては，どのような事業に進出し，どの程度の資源を動員するかという二つのテーマをあわせて，事業の何というか。	
135	ある市場の総売上高に対する個々の企業の商品の売上高が占める割合のことを何というか。	
136	ある市場におけるある年の市場規模を前年の市場規模で割って算出する値を何というか。	
137	２軸に高低をつけることで生じる一つずつの区分のことを何というか。	
138	自社を除く同業他社のうち最大手と自社の市場シェアの比率を何というか。	
139	どの事業に集中し，集中するべき事業にどのように資源を割り当てるかを検討する手法のことを何というか。	
140	ある商品を生産し始めてから，現在に至るまで生産してきた量を何というか。	
141	商品を売り上げて流入する現金から，原材料の仕入れなどで流出した現金を差し引いた後に残る現金のことを何というか。	
142	PPMにおいて，相対市場シェアが小さいため稼ぐキャッシュは少ない一方で，事業ライフサイクルの早い段階にあり，今の市場シェアの維持だけでも多額の投資を必要とする事業のことを何というか。	
143	PPMにおいて，市場成長率が高いため投資に必要なキャッシュは多いが，相対市場シェアも高いため多くのキャッシュを稼げている事業を何というか。	
144	PPMにおいて，市場成長率が相対的に低く必要とされる投資額が大きくない一方で，相対市場シェアが高く市場のリーダーのポジションにあり稼ぐキャッシュが大きい事業を何というか。	
145	PPMにおいて，市場成長率が低く事業ライフサイクルの段階では成熟期から衰退期にあるため追加投資に必要なキャッシュが少ない一方で，市場シェアが二番手以下であるため稼ぐことができるキャッシュも小さい事業を何というか。	
146	縮小傾向にある市場において競合企業が撤退したあとに，生き残った少数の企業だけが市場を寡占することで得られる利益を何というか。	
147	マネジメント・バイアウトまたは経営陣買収とも呼ばれる，経営陣が株主から自社株式を買い取って独立することをアルファベット三文字で何というか。	
148	企業が行っている業務をすべて中止し，事業を解散する手続きを行うことを何というか。	

149	雇用問題や責任問題，信用問題など，市場から撤退する際に企業が直面する障がいのことを何というか。	
150	日本語では士気という，従業員の労働に対する意欲のことを何というか。	
151	蓄積した企業内部の経営資源を活用して新規事業に取り組むことを何というか。	
152	合併と買収の略で，他企業を自社に取り込むために行われることを何というか。	
153	二つ以上の企業が一つになることを何というか。	
154	約束や公約と呼ばれ，責任を持って関与することを明言する際に用いられる語は何か。	
155	ほかの企業の株式を買い取り経営権を獲得することを何というか。	
156	特定の分野に限定して複数の企業が業務上の協力関係を結ぶことを何というか。	
157	提携の一つで，より強い協力関係を築くために，株式を一定数保有し合うことを何というか。	
158	「板挟みで苦しむ」という意味で，選択肢が二つあるが，そのどちらを選んでも何らかの不利益があり，どちらを選ぶのも難しい状態であることを何というか。	

❸経営資源のマネジメント

159	組織内部で人々がどのように働き，経営者，管理者がそこで発生する問題に対してどのように対応するかを決めていくことを何というか。	
160	集団におけるリーダーの能力や行動を何というか。	
161	目標とそれを達成する手順を決め，その実現のために部下を率いるリーダーシップの分類を何というか。	
162	上司と部下や部下どうしの関係を良好なものにしようとするリーダーシップの分類を何というか。	
163	組織の変化を効果的に実現させるリーダーシップのことを何というか。	
164	ある活動に対する意欲が喚起されている心理的な状態を何というか。	
165	異なる目的や意見などが存在することで発生する対立のことを何というか。	
166	技術や需要の変化が大きく，今後起こることの予測が困難な状況のことを何というか。	
167	仕事において，日常的に取り組む一定の内容の業務のことを何というか。	
168	リーダーに求められることを部下と分担することを何というか。	
169	部下がリーダーの権限を認め，リーダーの考えを理解し，協力することを何というか。	
170	タスク自体に対する興味から喚起されるモチベーションのことを何というか。	
171	報酬や懲罰など他者から与えられる外的な要因によって喚起されるモチベーションのことを何というか。	
172	目標を設定することで部下のモチベーションを高めることができるという考え方を何というか。	

173	リーダーが部下の職務内容を適切に設計することで，モチベーションを高めることができるという考え方を何というか。	
174	管理者が部下の仕事に対する取り組みを監視する際に発生する費用を何というか。	
175	誘因ともいい，モチベーションを維持，増幅させるための外的刺激のことを何というか。	
176	作業者がタスクに対する興味を持っている際に外発的動機付けを高める施策を導入すると，内発的動機付けを弱めることがあるということを何というか。	
177	3×3のマスをならべ，目標と課題達成に必要な事項を記入していくことで，目標達成が可能になるという目標設定の手法を何というか。	
178	職務設計理論において，内発的動機付けが高まる要因のうち，タスクの遂行に求められる技能が多様であることを何というか。	
179	職務設計理論において，内発的動機付けが高まる要因のうち，タスク全体の達成を把握できることを何というか。	
180	職務設計理論において，内発的動機付けが高まる要因のうち，担当するタスクの重要性が高いことを何というか。	
181	職務設計理論において，内発的動機付けが高まる要因のうち，タスクに対する決定権があることを何というか。	
182	職務設計理論において，内発的動機付けが高まる要因のうち，成果に対する評価が得られることを何というか。	
183	作業者が複数の作業を行い，一人で完成品を組み立てることもある方法を何というか。	
184	分業化によって，生産工程において従業員の作業を単純化したものの典型を何というか。	
185	コンフリクトの解消方法の一つで，協力も主張も高い水準で行い，相違点も共通点も議論を尽くし，納得できる解決策をみつけることを何というか。	
186	人的資源(ヒト)，物的資源(モノ)，財務的資源(カネ)，情報資源(情報)に分けられる，事業活動の基盤になるものを何というか。	
187	従業員を雇用する，資材を購入するなど，ビジネスの実現において必要な資源のうち，企業が保有する資金のことを何というか。	
188	株式調達と負債調達の二つの方法がある，企業が資金を調達することを何というか。	
189	株式を発行し，出資者に売却することで資金調達する方法を何というか。	
190	銀行からの借入や社債の発行を通じて資金を調達する方法を何というか。	
191	株式調達に応じ，株式を購入した投資家を何というか。	
192	負債調達に応じた投資家のことを何というか。	
193	資金調達する際に株主や債権者に支払う配当金や利息といった費用のことを何というか。	
194	株式や社債の発行において，投資家から直接的に資金の提供を受けることを何というか。	
195	企業が銀行から借入を行い，銀行への預金者から間接的に資金の提供を受けることを何というか。	
196	金融派生商品とも呼ばれ，企業が金融市場における為替や金利などの変動リスクを回避するために開発されたものを何というか。	
197	デリバティブとも呼ばれ，企業が金融市場における為替や金利などの変動リスクを回避するために開発されたものを何というか。	
198	将来における受け渡し時の価格を現時点で約束する取引を何というか。	

199	将来においてある価格で特定の資産を買う(売る)権利を現時点で売買し，権利の買い手(売り手)がそれを行使するか放棄するかを選択する取引を何というか。	
200	二つの企業が債権(債務)の利子や元金を将来において受け取る権利(支払う義務)を現時点で交換する取引を何というか。	
201	企業が利益をあげたときに，その利益の一部を株主に還元するために支払われるものを何というか。	
202	財務諸表をもとに，いくつかの基準で企業活動の成果を分析することを何というか。	
203	貸借対照表や損益計算書など，企業活動の成果を数値によって表し，その結果を利害関係者に報告するために作成されるものを何というか。	
204	企業の利益を生み出す力のことを何というか。	
205	企業の財務基盤がどれくらい安定しているかを示すものを何というか。	
206	売上原価に対してどれくらいの価値を付与して販売したかを示し，営業活動の成果を直接表す利益を何というか。	
207	人件費や広告宣伝費，減価償却費など，営業活動を行うためのさまざまな費用を何というか。	
208	売上総利益から販売費及び一般管理費を差し引いたものを何というか。	
209	預金から得た受取利息など，企業が本業以外から得た収益を何というか。	
210	支払利息など，企業が本業に直接関わらない費用を何というか。	
211	営業利益に営業外収益を加え，営業外費用を差し引いたものを何というか。	
212	有形固定資産の売却など，通常の事業活動以外で発生する臨時的な利益のことを何というか。	
213	災害による損失など，当期の活動とは直接的に関係しない事象から生じた損失のことを何というか。	
214	経常利益に，通常の事業活動以外で発生する臨時的な利益である特別利益を加え，臨時的な損失である特別損失を差し引いたものを何というか。	
215	税引後当期純利益ともいう，税引前当期純利益から法人税，住民税及び事業税を差し引いたものを何というか。	
216	当期純利益ともいう，税引前当期純利益から法人税，住民税及び事業税を差し引いたものを何というか。	
217	売上高に対する利益率を何というか。	
218	売上高利益率において，利益を売上総利益にして求めた指標を何というか。	
219	売上高利益率において，利益を営業利益にした指標を何というか。	
220	資本に対する利益率を何というか。	
221	株主からの出資額をどれくらい効率的に使用し利益を獲得したかを表す値を何というか。	
222	自己資本と他人資本(負債)を合計した総資本に対する利益率を何というか。	
223	一会計期間に，企業が保有する資本が何回利用され売上高をもたらしたかを何というか。	
224	一年以内または正常な営業循環において，返済するべき負債に対して，一年以内または正常な営業循環のなかで現金化できる資産の比率を何というか。	

225	現金及び預金，受取手形，売掛金，有価証券などの換金性の高い当座資産を流動負債で割った比率を何というか。	
226	自己資本を総資産(総資本)で割ったものを何というか。	
227	固定資産を自己資本で割ったものを何というか。	
228	経営資源の中で，企業において事業活動に貢献する人々のことを何というか。	
229	労働市場において企業が労働力を調達することを何というか。	
230	RJPと略される，企業や職場に関する良い情報だけでなく悪い情報も含めて，より現実に近い情報を提供する手法を何というか。	
231	新入社員が入社前に抱いていた期待や理想と，入社後の実態や現実とのギャップに衝撃を受ける状態を何というか。	
232	企業の採用活動において，必要な採用人数や雇用形態の種別などを決定する際に策定されるものは何か。	
233	雇用期間の定めがなく，フルタイムで勤務する雇用形態を何というか。	
234	パートタイム労働者や派遣社員など，雇用期間が決められた雇用形態を何というか。	
235	一週間の所定労働時間が，通常の労働者(正社員)に比べて短い労働者のことを何というか。	
236	派遣元である人材派遣会社に雇用され，派遣先の企業で勤務する労働者を何というか。	
237	企業が労働者と直接雇用契約をかわす雇用形態を何というか。	
238	非正規雇用のうち，派遣労働者のように，派遣元である人材派遣会社に雇用され，派遣先の企業で勤務する雇用形態を何というか。	
239	募集や採用，配置，福利厚生，退職，解雇など，雇用における男女の差別的な取り扱いを禁止した法律を何というか。	
240	一般事業主には雇用する従業員の2.2%，国と地方公共団体には2.5%の障がい者を雇用する義務を定めた法律を何というか。	
241	労働の対価として労働者に支払われる金銭を何というか。	
242	年齢給や勤続給などが含まれている，従業員の安定を図ることを目的としている給与を何というか。	
243	企業が臨時的に従業員に対して支給する金銭を何というか。	
244	休日手当や残業手当などの変動的諸手当と賞与が含まれる，所定内給与以外の現金給与を何というか。	
245	所定労働時間に対して支払われる現金給与を何というか。	
246	社会保険制度や労働保険制度などの，企業が従業員に支払う付加給与を何というか。	
247	等級別，号俸別に賃金額が記載された賃金表を何というか。	
248	試験に合格したり，業務目標を達成したりするなど，職能資格が向上したことを何というか。	
249	上司からの評価や経営陣の判断で，職階が上がることを何というか。	
250	従業員が保有する職務遂行能力を職能資格等級という基準により評価し，その達成度合いに従って賃金が決定される制度を何というか。	

251	入社から退職までの賃金の推移を示したものを何というか。	
252	オン・ザ・ジョブ・トレーニングの略で，職務を通じて行われる訓練を何というか。	
253	オフ・ザ・ジョブ・トレーニングの略で，研修施設などの場において職務を離れて行われる訓練を何というか。	
254	配属された部署が変わることを何というか。	
255	それぞれの部署が必要とする人材を社内の公募情報に掲載し，それに関心がある従業員が直属の上司の許可がなくても自分の意志で応募することができる制度を何というか。	.
256	従業員が希望する部署に対して，異動希望を提出することができる制度を何というか。	
257	日本企業では一般的に入社後の5～8年程度までは昇進スピードに差をつけないことを何というか。	
258	昇進の対象とする幹部候補生を早期に選抜する欧米企業がとっている方法を何というか。	
259	本社や支社から離れた場所に分散して設置されたオフィスのことを何というか。	
260	従業員に法定労働時間を超えて仕事をさせる場合に結ぶ労使協定のことを，定められている労働基準法の条数から何というか。	
261	法定労働時間を超えて勤務した労働時間を何というか。	
262	始業時刻から終業時刻までの時間から休憩時間を省いた時間のことを何というか。	
263	労働基準法によって定められている労働時間の上限のことを何というか。	
264	労働時間などに関して，労働者と雇用者との間での取り決めごとを書面契約したものを何というか。	
265	使用者または監督者の下で労働に服しなければならない時間のことを何というか。	
266	労働契約，賃金，労働時間，安全と衛生，災害補償，就業規則など，労働条件の基準を定めた法律を何というか。	
267	みなし労働時間制の一種で，会計士や弁護士，デザイナー，新聞記者などの専門職を対象とし，労働時間の配分において裁量を認める制度を何というか。	
268	みなし労働時間制の一種で，外回りの多い営業担当者や在宅勤務者など，労働時間の把握が難しい職種を対象とした制度のことを何というか。	
269	「少子高齢化に伴う生産年齢人口の減少」「育児や介護との両立など，働く方のニーズの多様化」などの課題解決のため，労働者の置かれた個々の事情に応じ，多様な働き方を選択できる社会の実現を目指し，2018年，労働基準法やパートタイム労働法など八つの法改正を行った改革を何というか。	
270	企業に勤務しながら副業でほかのビジネスを行ったり，非営利活動に携わったりする働き方を何というか。	
271	兼業，サイドビジネス，ダブルワークともよばれる，収入を得るために携わる本業以外の仕事を何というか。	
272	それぞれの従業員の事情に応じて，始業時刻と終業時刻を定めることを可能とする制度を何というか。	
273	特定の期間は法定労働時間を超えるが，その期間全体の平均労働時間は法定労働時間の枠内に収まるようにする勤務形態を何というか。	
274	労働時間の把握が困難な業務や従業員の主体性を活かすことが重要な業務などに適用され，実際の労働時間が多くても少なくても所定労働時間を満たしているとみなす制度を何というか。	

275	業務による過労，ストレスが原因で死亡することを何というか。	
276	経営課題の一つとして従業員の健康の増進に取り組むことを何というか。	
277	業務の遂行によって発生した死亡事故や傷害事故, 健康被害のことを何というか。	
278	原材料が製品へと加工されるプロセスのことを何というか。	
279	経営資源の中で，原材料や完成品，工場や設備などの資源を何というか。	
280	材料費，労務費，経費に分類される，製品を製造するために要した費用を何というか。	
281	製造原価のうち，複数種類の製品に共通してかかる費用を何というか。	
282	製造原価のうち，特定の製品にかかる費用を何というか。	
283	投入された原材料から期待される生産量に対して，どの程度不良品が発生したかを示す数値を何というか。	
284	「必要なものを，必要なときに，必要なだけ生産する」のを重視することで，つくりすぎのムダや在庫のムダなどを削減しようとする生産方法のことを何というか。	
285	生産工程の過程にあり，完成はしていないが販売可能なものを何というか。	
286	生産工程のなかで，全体の生産量を引き下げている工程のことを何というか。	
287	生産におけるムダのうち，動作のムダを改善する手法を何というか。	
288	フレデリック・テイラーによって進められた，作業効率の良い労働者の作業時間を参考に標準的な作業手続きを決め，それによって実現される作業量をほかの労働者も達成できるようインセンティブを支給するという，生産性を上げる体系的な試みを何というか。	
289	実店舗やECサイト，SNSなどを統合して活用する戦略を何というか。	
290	生産者と消費者の間に卸売業や小売業が介在する流通チャネルのことを何というか。	
291	自社のECサイトを開設するなどして，生産者が消費者に直接販売する流通チャネルのことを何というか。	
292	卸売業の販売額を小売業の販売額で割った値を何というか。	
293	生産者から小売業の間にどのような業者が介在するのか，業者間でどのような取引が行われるのかを示す，取引のつながり方を何というか。	
294	原材料の調達から商品の販売までのサプライ・チェーン全体を効率化，最適化するための経営手法を何というか。	
295	不測の事態において事業を継続するための対応策を何というか。	
296	受注から納入までにかかる時間のことを何というか。	
297	一度に生産する一まとまりの単位のことを何というか。	
298	商品の生産のために必要な資本が労働力に比べて相対的に多い産業を何というか。	
299	経営資源の中でも形のない無形資産である，情報や知識のことを何というか。	

300	医薬品やソフトウェア開発など，知識が重要な位置を占める産業のことを何というか。	
301	情報や知識など，形のない資産のことを何というか。	
302	商品の生産のために必要とされる労働力が資本と比べて相対的に大きい産業を何というか。	
303	ICTを活用することで，製品や機械設備などの物を通じた情報のやりとりを可能にするものを何というか。	
304	日本語で「人工知能」という，人間の知的活動をコンピュータによっても同じように行わせるための技術を何というか。	
305	体で理解していても，言葉で表現することが難しい知識のことを何というか。	
306	言葉などで表現され，他者にも理解可能な状態になっている知識のことを何というか。	
307	共同化，表出化，連結化，内面化の四つの段階で構成される，他者との協働を通じた知識創造の過程を概念化したものを何というか。	
308	自社内だけでなく，他社や研究機関などの外部の経営資源を活用することで実現されるイノベーションのことを何というか。	
309	取得した特許について，他社に使用する権利を与えてロイヤリティを得たり，無償で技術内容を公開したりすること何というか。	
310	取得した特許を自社が独占的に利用することを何というか。	
311	著作権と産業財産権に分けられる，物理的実体のない情報などに対し，法律に基いてその考案者などに与えられる財産権（所有権）のことを何というか。	
312	知的財産権の一つで，特許権，実用新案権，意匠権，商標権の四つからなる権利を何というか。	
313	権利を保有する者に支払う対価を何というか。	

❹企業の秩序と責任

314	企業に対して，直接的または間接的に利害関係がある主体のことを何というか。	
315	道路や上下水道，学校，消防，警察などを指し，産業や生活の基盤として整備される施設のことを何というか。	
316	株式などの資産を保有していることで得られる収益のことを何というか。	
317	株主に出資比率に応じて与えられる，企業の重要な意思決定に参加する権利を何というか。	
318	株式などの保有している資産を売却することで得られる値上がり益のことを何というか。	
319	事業に見込みがあると考える人たちが，株式と引き換えに資金を提供することを何というか。	
320	株主とも呼ぶ，株式を持つ資金の提供者のことを何というか。	
321	債務者が倒産するなどによって資金の回収ができなくなることを何というか。	
322	債権者が貸している資金のことを何というか。	
323	社債などの債券の発行や募集をすることを何というか。	

324	資金の貸し手が資金の返済を受ける権利のことを何というか。	
325	株式会社が資金調達のために債券の形で発行する有価証券を何というか。	
326	資金を返済する義務のことを何というか。	
327	金額と期間に応じて，一定の割合(利率)で支払われる資金の使用料を何というか。	
328	銀行などの金融機関が資金を貸すことを何というか。	
329	一般的に産業別または職種別に労働組合が組織される欧米に対し，日本で一般的な企業別に組織された労働組合を何というか。	
330	一方が労働力を提供することを約束し，もう一方がそれに対して賃金を支払う契約のことを何というか。	
331	雇用契約に従い企業に労働サービスを提供し，その対価として賃金を受け取る人を何というか。	
332	正規雇用をされれば，定年まで雇用される慣行を何というか。	
333	年齢に比例して賃金や地位が上昇するという慣行を何というか。	
334	消費者が企業の製品やサービスなどの商品を購入するというような行動のことを何というか。	
335	人や企業の活動が原因で環境汚染を発生させ，人々の生命や健康を損ねて快適な生活環境を阻害することを何というか。	
336	創業することを別名で何というか。	
337	企業評価額10億ドル以上で設立10年以内の非上場企業のことを何というか。	
338	説明責任と訳され，企業を含むさまざまな団体は，自らの活動やその利益が社会に与える影響を，直接利害関係がある人や団体だけでなく，間接的に関わるすべての人や団体にも報告する必要があるという考え方を何というか。	
339	企業が出資者から委託された資金を適正に使い，その状況を出資者に報告する義務のことを何というか。	
340	近年ではアカウンタビリティの訳としても使われ，行政・企業などは，自らの活動やその利益が社会に与える影響を，直接利害関係がある人や団体だけでなく，間接的に関わるすべての人や団体にも報告する必要があるという考え方を何というか。	
341	多様性を意味し，企業経営においては，人材と働き方の多様化を指す言葉は何か。	
342	相手に迷惑をかけること，嫌がらせのことを何というか。	
343	仕事と私生活の両方を充実させることで相乗効果が生まれ，より良い人生になるという考え方のことを何というか。	
344	消費者よりも企業のほうが，商品について多くのことを知っているという問題を何というか。	
345	製造物の欠陥により損害が生じた場合における，製造業者の責任について定めた法律を何というか。	
346	誤った情報を消費者に与える行為であり，企業の信頼を失墜させる不正行為のことで品質に対することを何というか。	
347	誤った情報を消費者に与える行為であり，企業の信頼を失墜させる不正行為のことで情報を隠すことを何というか。	

348	広告などにおいて，商品の品質や内容などについて事実とは異なる誇張した書き方をして，消費者を誘引する恐れがある表示のことを何というか。	
349	所得税や法人税，消費税などが含まれる，国に納める税金を何というか。	
350	住民税や事業税，固定資産税などが含まれる，地方公共団体に納める税金を何というか。	
351	法人が事業を営むことで公共サービスを享受しているという視点から，基本的に法人の所得に対して課される地方税を何というか。	
352	自治体の公共サービスを享受しているという視点から課せられる地方税を何というか。	
353	法人の事業から生じた所得に課される国税を何というか。	
354	取引に関連して作成する文書に課される国税を何というか。	
355	消費税など，税を納める人と税を負担する人が異なる税金のことを何というか。	
356	土地や建物，設備などの固定資産の所有者に課される地方税は何か。	
357	製品やサービスの消費に対して課せられる税金を何というか。	
358	法人税など，税を納める人と税を負担する人が同じである税金のことを何というか。	
359	不動産の取得に対して課される地方税を何というか。	
360	「企業は私たち個人と同じく地域社会における一市民である」という考え方から，企業は何と呼ばれるか。	
361	事業活動を行うなかで守るべき重要な規範のことを何というか。	
362	法律や社会的な通念を守ることを何というか。	
363	組織的にリスクを管理することで，損失の回避や低減を図るプロセスのことを何というか。	
364	ステークホルダーが責任を適切に果たさせるために企業を牽制することを何というか。	
365	資金を提供して所有する者と，会社を経営する者が異なることを何というか。	
366	株主がやってほしいことと経営者がやりたいことが一致しないことを何というか。	
367	一般的に年に一回開催され，株主が経営に参加するための場である株式会社の最高意思決定機関を何というか。	
368	株式会社で，業務執行に関する意思決定を行う者を何というか。	
369	取締役によって構成され，具体的な事業活動に関わる意思決定を行う機関を何というか。	
370	一般株主と利益相反が生じる恐れのない社外出身の取締役を何というか。	
371	従業員が監督官庁などの外部機関に情報を提供することを何というか。	
372	法令違反や不正行為に関わる情報を受け付ける窓口を組織内部に設け，従業員が匿名または実名で相談や通報ができるようにした制度を何というか。	
373	一般的に企業は複数の金融機関と取引関係にあるが，融資額が大きく，特に関係が深い主要取引銀行を何というか。	

374	行政機関が行政の目的を実現するために，個人や企業の自発的な協力を得て，適当と思われる方向に誘導する助言や指導，勧告を行うことを何というか。	
375	行政機関が法律に基づいて，個人や企業に対して強制力のある行政上の処分を科すものを何というか。	
376	企業による顧客への直接的な働きかけ，テレビやSNSなどの情報を伝える経路のことを何というか。	
377	消費者が商品への不満を表明を通じて企業を牽制するときの基本的な手段として行われる，商品を買わないという行動を何というか。	
378	「持続可能な開発目標」のことを何というか。	

❺ビジネスの創造と展開

379	新たな企業を設立することを何というか。	
380	新しいビジネスアイディアを外部環境と内部環境に分けて整理検討して評価し，事業としての成長可能性とその実現に必要なアクション・プランを提示したものを何というか。	
381	顧客の決定，提供価値の決定，提供方法とその仕組みという一連の組み合わせのことを何というか。	
382	自社が開発，製造を行い，製品やサービスの優位性で対価を顧客から受け取って収益を生み出すビジネス・モデルを何というか。	
383	自社で開発，製造することなく，他社が製造した製品を仕入れて売ることで収益を生み出すビジネス・モデルを何というか。	
384	人の行動を経済的に誘引するものを何というか。	
385	製品の本体を販売したあとに，付随の消耗品を販売することで収益を生み出すビジネス・モデルを何というか。	
386	顧客が解約した場合において起こる経済的な「罰」のことを何というか。	
387	サブスクリプションとも呼ばれる，顧客による一括の支払いではなく，顧客からの継続的な課金により収益を生み出すビジネス・モデルのことを何というか。	
388	継続課金モデルとも呼ばれる，顧客による一括の支払いではなく，顧客からの継続的な課金により収益を生み出すビジネス・モデルのことを何というか。	
389	書籍やソフトウェアなどのオリジナルの著作物や絵画，デザイン，キャラクターなどの意匠物を引用，複製，転載することを何というか。	
390	当初無料でサービスを提供し，あとからより高機能な有料のサービスに顧客を誘導するビジネス・モデルを何というか。	
391	書籍やソフトウェアなどのオリジナルの著作物や絵画やデザイン，キャラクターなどの意匠物を引用，複製，転載する二次利用の権利を他社へ許諾したり，その反対に他社から許諾をもらうことで収益を生み出すビジネス・モデルのことを何というか。	
392	人の目につきやすい場所，新聞，雑誌，ラジオ，テレビ，フリーペーパー，Webサイト，アプリなどさまざまな媒体の広告枠を顧客に提供し，その対価として広告料を受け取ることで収益を生み出すビジネス・モデルのことを何というか。	
393	広告枠を顧客に提供しその対価として受け取る費用を何というか。	
394	製品やサービスの交換，ニーズのマッチングを実現する場所を提供し，参加者への課金により収益を生み出すビジネス・モデルを何というか。	

メモ欄

第1回
商業経済検定模擬試験問題
［ビジネス・マネジメント］

解答上の注意

1．この問題のページはp.22からp.36までです。
2．解答はすべて別紙解答用紙（p.85）に記入しなさい。
3．文字または数字で記入するもの以外はすべて記号で答えなさい。
4．計算用具などの持ち込みはできません。
5．制限時間は50分です。

① 次の文章を読み，問いに答えなさい。

イノベーションとは，モノ，仕組み，サービス，組織，ビジネス・モデルなどに新たな考え方や技術を取り入れて新しい価値を生み出し，社会に大きな革新をもたらす現象をいう。イノベーションという言葉は，現在のチェコ生まれの経済学者によって初めて定義された。それでは，イノベーションの創出により，持続的な成長をしているＡ社についてみてみよう。

Ａ社は1919年に創業したトラック運送会社である。高度経済成長期には，Ａ社のトラック事業は爆発的な伸びを示していたが，1973年のオイルショックにより経営危機までささやかれるようになっていた。そこで，1971年から社長となっていたＸ氏は，採算が合わないとされていた一般家庭向け宅配便に挑戦することにした。役員全員が猛反対したが，Ｘ氏は，(a)将来の収益を期待して事業を拡大するという目的意識から，不合理な行動をする心理が働き，挑戦することを決定した。そして，Ａ社はもともと法人向けのトラック運送しか行っていなかったが，(b)個人向け宅配便は，その利便性から消費者に支持され，同業他社が競って参入するほどのビジネスとなるイノベーションの創出となった。

Ａ社はその後もさまざまなイノベーションを創出する。1983年にスタートした，スキー板を輸送する宅配便は，宅配便に付加価値を付けた初めての商品である。この新たな宅配便はリンゴの産地である長野県が発祥地である。長野県の宅配事業では，リンゴのシーズンを過ぎると荷物量が極端に少なくなっていた。その当時，日本ではスキー人口が増えていて長野には多くのスキー客が訪れていたが，スキー客はスキー板を抱えて移動することに不便を感じていた。そこに目をつけた現場社員のアイデアから，Ａ社は，このようなスキー客の不便や不満を新しいビジネスの機会とした。そして，(c)顧客に手ぶらでスキーを楽しむという利便性を提供すると同時に，新しい運送サービスの創出にもなるという，宅配便とレジャーを結びつけたスキー板を運搬するサービスを開発したのである。このスキー板の宅配便により，スキー客は重いスキー板の運搬から解放されることとなった。

問１．下線部(a)を何というか，次のなかから最も適切なものを一つ選びなさい。
　　ア．アニマル・スピリット
　　イ．コア・コンピタンス
　　ウ．ダイナミック・ケイパビリティ

問２．本文の主旨から，下線部(b)のようなイノベーションを何というか，次のなかから正しいものを一つ選びなさい。
　　ア．マーケット・イノベーション
　　イ．プロダクト・イノベーション
　　ウ．プロセス・イノベーション

問３．下線部(c)のような活動を何というか，次のなかから最も適切なものを一つ選びなさい。
　　ア．コーポレート・アイデンティティ
　　イ．事業創造
　　ウ．事業転換

2　次の文章を読み，問いに答えなさい。

　　飲食店に対する顧客のニーズは，一般的に，商品の味，価格，店の雰囲気，接客サービスの四つが挙げられる。顧客はおいしい味を求めていて，適切な価格を希望している。しかし，安くておいしい店であっても，会話もできないほどの大音量で音楽が流れていたり，従業員の態度が悪かったりすると再度来店することはないだろう。それでは，顧客のニーズをとらえた飲食業のA社についてみてみよう。

　　A社は一般的に「定食屋」といわれる飲食業のチェーン店を展開している。最近は，このような飲食店では，老若男女が手軽な価格でおいしく栄養バランスの良い食事を取れるというイメージが強いが，A社が事業を始めた(a)1990年代の顧客は10代や20代の若い男性客が主な顧客であったため，食べ盛りの男性客がたくさん食べるために行くというイメージが強くあった。A社は売上の拡大を目指し，20代の女性をターゲット顧客として，ニーズと課題を特定することにした。調査の結果，味や価格に関する不満は少なかった。20代の女性が来店しない大きな理由は，食事をしているところを見られてたくさん食べると思われることが恥ずかしいからというものであった。(b)この調査結果から，A社は店舗を改善した。その結果，多くの女性客を呼び込むことに成功したのである。

　　これまで若い女性が「定食屋」で食事をするという風潮はなかったが，「定食屋」のサービスに関心を寄せる若い女性は多く，その(c)潜在市場規模は大きかったため，その後のA社の発展へとつながったのである。

問1．本文の主旨から，下線部(a)の顧客集団の類型化の基準は何か，次のなかから最も適切なものを一つ選びなさい。
　　ア．社会的分類　　イ．人口統計的分類　　ウ．心理的分類

問2．本文の主旨から，下線部(b)における店舗の改善とはどのようなものか，次のなかから最も適切なものを一つ選びなさい。
　　ア．ビルの2階以上や地下に店舗を構え，道路やほかの建物から店舗内の様子がわかりにくくなるようにした。
　　イ．大人数が車で来店することを可能とするため，ロードサイドに出店し，無料の大きな駐車スペースを準備した。
　　ウ．店舗の外観や内装を20代の女性が好むものとして，店舗内でジャズやクラシックを流すなど心地よさが感じられる雰囲気とした。

問3．下線部(c)はどのようにして決まるか，次のなかから正しいものを一つ選びなさい。
　　ア．潜在的な顧客数×来店頻度×仕入原価
　　イ．潜在的な顧客数×来店頻度×販売単価
　　ウ．1回あたりの潜在的な顧客数×販売単価－1回あたりの潜在的な顧客数×仕入原価

3 次の文章を読み，問いに答えなさい。

　飲料メーカー大手のＡ社は，1985年当時，ペットボトル入りでなく缶入りの緑茶飲料を販売していた。その際「お茶は温かいもの」というイメージを払拭し，冷たい緑茶というものを広めた商品を販売した。その後，1990年に世界初のペットボトル入り緑茶飲料として，Ｘ茶を発売した。2000年代になると多くのメーカーが緑茶飲料を販売する。そのなかでもＢ社のＹ茶に注目が集まった。Ｂ社は国内大手化学メーカーであり，トイレタリー用品，化粧品，食品などを製造している。特にトイレタリー市場では国内トップであり，高いブランド力がある。このＢ社のＹ茶は，高濃度の茶カテキンが体脂肪率を低減させるという効果に着目した。Ｙ茶は急須でいれた緑茶に換算すると，湯呑約５杯分の茶カテキン量があり，緑茶飲料では初めて特定保健用食品に認定され，(a)人気となった。

　商品を投入する前のＢ社についてＳＷＯＴ分析してみると，Ｂ社は国内トップクラスのブランド力や研究開発力があるが，日用品ブランドのイメージが強く，飲料メーカーとしてのブランド力はあまりなかった。当時は，(b)緑茶飲料市場の成長とともに，将来的な国内の人口減少により日用品市場の収縮が控えているという状況であった。そこで，健康分野の研究開発力を活かし，Ｙ茶を開発したのである。Ｙ茶のような量の茶カテキンを投入した飲料は，他社は容易には模倣できない。そのため，Ｙ茶は(c)機能や品質などで差がなくなって価格競争に陥ってしまうことはなかった。

　Ａ社はこの商品に対抗するため，(d)サブブランドとして茶カテキン量を２倍にした「Ｘ茶濃い味」を開発する戦略をとった。

問１．本文の主旨から，下線部(a)の要因はどのようなものか，次のなかから最も適切なものを一つ選びなさい。

　ア．緑茶飲料を体脂肪率の低減という特定保健用食品として差別化したから

　イ．消費者に信用されるために伝統あるＢ社というブランドを緑茶飲料に導入したから

　ウ．低品質の茶葉を使用している印象を払拭するために茶葉の品質を保証したから

問２．本文の主旨から，下線部(b)はＳＷＯＴ分析のどの要因になるか，次のなかから最も適切なものを一つ選びなさい。

　ア．強み　　イ．弱み　　ウ．機会　　エ．脅威

問３．下線部(c)を何というか，カタカナを補って正しい用語を完成させなさい。

問４．本文の主旨から，下線部(d)の戦略とはどのようなものか，次のなかから最も適切なものを一つ選びなさい。

　ア．Ｂ社の商品の独自性を小さくする同質化戦略

　イ．Ｂ社の商品との違いを明確にする差別化戦略

　ウ．Ｂ社と違い，さまざまな種類の商品を提供する多角化戦略

4 次の文章を読み，問いに答えなさい。

　事業が拡大すると，従業員を雇用して組織する必要が生じる。組織に集まる人々は事業の目的を共有する一方，考え方や価値観が同じではない。そこで，企業において，(a)マネジメントの役割が重要となる。それでは，ある菓子製造業の取り組みをみてみよう。

　近年，グミの市場規模は増加傾向にあり，2021年にガムやタブレット菓子の市場を逆転した。大手菓子製造業のＡ社がその要因を調べると，ガムやタブレット菓子は口臭予防などのエチケットとして購入していた人が多く，コロナ禍においてマスクを着用する機会が増えたことでそのニーズは減少していた。しかし，グミを購入する人は食感に魅力を感じていたため，コロナ禍においても独特の食感を好んで自宅で食べることが習慣化しているとわかった。

　この結果から，Ａ社は今後もグミ市場の伸びは継続すると予想した。また，消費者の好みに合わせた「かみごこち」を数値化し，消費者の好みの食感を確認できるようにした。そして，(b)Ａ社の事業部長や各課長は，アンリ・ファヨールが定義した管理活動を次のように行った。まず，事業部長はさまざまな「かみごこち」の商品ラインナップを増やす事業計画を策定した。そして，製造部門には新商品の開発を，営業部門には販売促進活動の推進といったタスクを割り振った。そこで，製造課長には新たな「かみごこち」の商品開発のコンセプトとサンプルの製造を指示し，営業課長には流通業者向けのプレゼンテーション資料の作成といった具体的な指示をした。その後，事業部長や各課長は，(c)各部門に割り振られたタスクが全体として適切に行われるように管理活動を実施したり，部下を監視し，必要なときには修正を加えたりすることで，事業計画の実現を目指している。

問１．下線部(a)の説明として，次のなかから最も適切なものを一つ選びなさい。
　　ア．たがいの共通認識をつくり，信頼関係を築くこと
　　イ．商品やサービスが売れる仕組みをつくること
　　ウ．他者との協働を通じて，組織の目標を達成すること

問２．本文の主旨から，下線部(b)におけるＡ社の管理活動はどのような順に行われたか，次のなかから正しいものを一つ選びなさい。
　　ア．予測と計画　→　調整　→　組織化　→　命令　→　統制
　　イ．予測と計画　→　命令　→　組織化　→　統制　→　調整
　　ウ．予測と計画　→　組織化　→　命令　→　調整　→　統制

問３．下線部(c)の具体的な例として，次のなかから最も適切なものを一つ選びなさい。
　　ア．営業課長は，プレゼンテーション資料を作成する際，マーケティング部と打ち合わせをして，全体で調和のあるものにした。
　　イ．製造課長は，新商品開発に対して，ほかの部署と関わることなく，集中して取り組むように指示した。
　　ウ．事業部長は，製造部門が作成する新商品について，タスクを割り振ったので，特に商品が完成するまでは意見を言わないことにした。

⑤ 次の文章を読み，問いに答えなさい。

　A社は1997年に起業したＥＣモール運営会社を起源としている。2000年の上場以降，積極的に(a)他企業を自社に取り込む，合併と買収を行った。そして，取り組んだ企業とのブランドの一体化により事業範囲を拡大させた。現在，国内に１億人以上，世界で14億人のグループ会員を有している。それでは，A社の事業拡大についてみてみよう。

　A社は，ＥＣモール，デジタルコンテンツなどのインターネットサービス，携帯キャリア事業のモバイルサービス，クレジットカード，銀行，証券，電子マネーなどのフィンテックサービスなど，合わせて70以上のサービスを提供している。これらのサービスを結び付けることで，独自の経済圏を形成し，(b)シナジー効果により事業規模は拡大を続けている。

　2021年，(c)A社は郵便・物流事業，銀行事業などを行っているＢ社と物流分野に加え，モバイル，ＤＸなどさまざまな領域で提携することを決定し，さらに1,500億円という多額の出資を受けることが発表された。

問１．下線部(a)を何というか，正しいものを一つ選びなさい。
　ア．M&A　　イ．ＭＢＯ　　ウ．コミットメント

問２．下線部(b)の説明として，次のなかから最も適切なものを一つ選びなさい。
　ア．蓄積した企業内部の経営資源を活用して新規事業に取り組むこと
　イ．特定の事業分野に経営資源を集中させること
　ウ．同じ企業内で二つ以上の商品を手がけたほうが，費用が小さくなったり利益が大きくなったりすること

問３．下線部(c)の提携におけるA社のメリットとして，次のなかから最も適切なものを一つ選びなさい。
　ア．比較的リスクを抑え，たがいに必要な経営資源を的確に活用することができる。
　イ．時間をかけずに自社が保有していない経営資源を手に入れて，新しい事業ですばやく市場の地位を築くことができる。
　ウ．自社の経営資源を拡大させることができ，その拡大のプロセスで得られるさまざまな知見も社内に蓄積できる。

6 次の文章を読み，問いに答えなさい。

　経済が成熟化し，成長が鈍化したわが国においては，既存の産業にたよるだけの経済活動では限界が感じられてしまう。起業による新たな産業や雇用の創出は，わが国全体のみならず，地域活性化のためにも必要不可欠なものであろう。

　もし，起業に向けてのアイディアが固まり，実際に事業を始めるとしたら，何が必要であろうか。まず，事業を始めるための資金が必要となるであろう。企業が保有する資金を　①　といい，事業を始めようとする起業家は，この資源の準備を出発点とすることが多い。

　次に，集まった資金をもとに，設備や原材料，商品などの物的資源を購入する。特徴のある物的資源を調達できるルートを確立することは，商品の差別化につながり，事業が成功するカギとなる。

　事業が順調に拡大すると，それに合わせて従業員が必要となる。企業の経営に必要な人材は人的資源と呼ばれる。(a)わが国の経営慣行においては，終身雇用が一般的である。そのため，有能な人材を雇用することは，企業の将来にわたって重要なことといえる。

　事業を行うためには，これらの三つの資源が重要であるといわれてきたが，近年，この三つの資源以外の(b)情報的資源の重要性が増している。

　これらの四つの資源は「ヒト・モノ・カネ・情報」と表現され，保有するこれらの資源の優劣は企業の成否に大きな影響を与えるとともに，これらを最適に組み合わせて経営を行うことが重要である。

問1．本文中の　①　に当てはまる用語は何か，漢字2文字を補って正しい用語を完成させなさい。

問2．下線部(a)の説明として，次のなかから適切なものを一つ選びなさい。
　ア．わが国の経営慣行では，従業員の勤務年数に応じて賃金を支払う必要があるため，長期的な雇用を避け，勤務年数の短い従業員を増やすことで費用を抑えることができる。
　イ．わが国の経営慣行では，従業員を定年まで雇用する責任があるため，有能な人材の雇用と人材育成に成功することが企業の長期的な成長に欠かせない。
　ウ．わが国の経営慣行では，解雇による雇用調整が難しいため，なるべく正社員の雇用は避け，解雇しやすい派遣社員やパートタイマーを雇用することが企業の将来にとって重要である。

問3．下線部(b)の例として，次のなかから最も適切なものを一つ選びなさい。
　ア．コンピュータやネットワーク回線など
　イ．ノウハウや知的財産など
　ウ．熟練した社員や才能のある経営者など

7　次の文章を読み，それぞれの問いに答えなさい。

　「ガクチカ」という言葉がある。「学生時代に最も力を入れたこと」を略した言葉であり，就職活動を行う大学生を中心に使われてきた言葉である。「ガクチカ」は，志望動機や自己ＰＲなどと並んで，面接試験やエントリーシートで必ず問われる質問項目である。

　企業は「ガクチカ」などの質問を通して，その学生の性格や能力，人がらなどの情報を探り出そうとしている。しかし，面接試験を複数回くり返しても，企業がその学生の情報を正確に入手することは困難であり，(a)情報の非対称性が高い状態が発生してしまう。一方，学生の側は，Ｗｅｂサイトやパンフレット，企業説明会などの情報や面接試験での質問から企業について知ろうと試みるが，企業の実態を完全に把握することは困難である。このようなことから，入社後，(b)リアリティ・ショックを経験し，モチベーションの低下などが発生してしまう。このような問題から，早期離職をしてしまう労働者は少なくない。

　ところで，わが国では(c)新卒一括採用という仕組みが存在している。近年，積極的に中途採用を行い，人材活用に成功している企業もあるが，依然として中途採用に消極的な企業も存在する。このようなことから，いったん離職した労働者が，(d)雇用期間が定められた形態での労働，パートタイム，アルバイト，そして，派遣労働などへの道を選んでしまうことも多い。

　このような問題を未然に防ぐためにも，採用プロセスのなかで，企業と学生が双方の情報を正しく把握することが重要となる。その方法として希望する学生に実際の現場での就労の体験をさせるインターンシップなどのリアリスティック・ジョブ・プレビューという手法が行われている。

問１．本文の主旨から，下線部(a)はどのような状態であるか，次のなかから適切なものを一つ選びなさい。
　ア．求職者である学生と求人側の企業が，時間をかけて面接をくり返すなどを行うことにより，企業が学生の情報を十分に得ている状態。
　イ．学校側から提出された成績表などの資料から，求職者の学生が知らない求職者の情報を求人側の企業が知っている状態。
　ウ．求職者である学生についてのさまざまな情報を求人側の企業が多く知り得ていないため，双方が持つ情報の量に差がある状態。

問２．本文の主旨から，下線部(b)の説明として，次のなかから適切なものを一つ選びなさい。
　ア．入社前に抱いていた理想と入社後に感じる現実とのギャップから，新入社員が感じる衝撃
　イ．実際の就職活動を行う過程で生じるさまざまな困難から，学生が感じる衝撃
　ウ．期待しているような人材が応募してこないことから，企業の採用担当者が感じる衝撃

問３．下線部(c)の説明として，次のなかから正しいものを一つ選びなさい。
　ア．特定の高校や大学を指定しその学校を卒業した生徒や学生のみを対象に採用を行う仕組み
　イ．高校や大学などを卒業する予定の生徒や学生のみを対象に採用を行う仕組み
　ウ．高校や大学をすでに卒業した社会人で求職活動をしているものを対象に採用を行う仕組み

問４．下線部(d)のような雇用形態を何というか，漢字５文字で適切な用語を記入しなさい。

8 次の文章を読み，問いに答えなさい。

A社は地元の有力企業として地域住民から大きな信頼を集めている。しかし，A社が採用活動を行っても，なかなか若い人材が集まらないことが増えてきた。企業の体質が古く，若年層からの支持が得られていないようであった。そのためA社は，経営の側面から企業体質の改善に取り組むことになった。

まず，(a)従業員の仕事と私生活の調和を充実させる取り組みについての見直しを行った。具体的には，勤務時間の見直しと有給休暇の積極的な取得の奨励を行った。勤務時間については，現在の9時出勤，17時退勤というシステムを見直し，(b)1か月あたりの標準勤務時間を満たせば，それぞれの従業員の事情に沿った都合の良い時間に出退勤できるシステムに変更した。そして，これまで残業が常態化していた部署については，職務の見直しと適正な人員の確保を進めることとした。

続いて，雇用における公平性の確保と人材の多様化についても企業の責務と考え，推進することとした。(c)障害者雇用促進法に定められた法定雇用率の達成や多様な人材の積極的な採用のほか，人材の相互理解を深めるための研修を定期的に実施することや，社内のバリアフリー化や多目的トイレを多数設置すること，それぞれの宗教や慣習に配慮した部屋を確保することなど，社内の環境の見直しも進めることにした。

また，健康経営を目指す取り組みを立ち上げることとし，実現に向けてプロジェクトチームを発足することにした。

このような取り組みは，若い人材の採用や育成のためのみではなく，企業が社会に必要な存在として存続するために不可欠な課題である。A社は，すべての社員にその意味を理解させ，取り組みを遂行していこうと計画している。

問1．下線部(a)を何というか，カタカナで適切な用語を記入しなさい。

問2．下線部(b)を何というか，次のなかから正しいものを一つ選びなさい。
ア．変形労働時間制度
イ．みなし労働時間制度
ウ．フレックスタイム制度

問3．下線部(c)の問題点と指摘されていることは何か，次のなかから正しいものを一つ選びなさい。
ア．法定雇用率を達成しなくても罰則がないため，達成していない企業が多い。
イ．企業が達成しやすいように法定雇用率を低く抑えてあり，問題の解決につながっていない。
ウ．企業が自社の都合で独自に法定雇用率を設定できるため，雇用の促進に結びついていない。

9 次の文章を読み，問いに答えなさい。

　A社は地方でチーズの製造，販売を営む個人企業である。ヨーロッパでチーズ作りの修業をした創業者が，その地域で生産される生乳の品質の良さに魅せられ，5年前に起業をした。手作りのチーズの評判が高く，マスコミにも取り上げられたことから，連日，行列ができる人気店となった。そんなA社には，金融機関からの事業拡大と融資の提案や，全国の小売店から商品取り扱いの依頼が多く寄せられるようになった。A社はまず，販路の拡大について考え始めた。

　販路については，自社のチーズを多くの消費者の元に届けたいという考えから(a)流通構造を開放的にすることを考えたが，温度管理や賞味期限などを管理する必要があったため閉鎖的な流通経路を採用することにし，百貨店を一社選定することにした。百貨店がない地域の消費者に向けては，数量限定ではあるが(b)直接流通も並行して行うことで対応することとなった。

　販路拡大に合わせて生産設備を拡大することになり，(c)ロットサイズも大きくすることになった。原材料である生乳の安定的な確保が課題となるが，金融機関からのアドバイスなどに従い，サプライ・チェーン・マネジメント（SCM）を取り入れることで解決しようと考えている。

　A社の今後の課題は，商品の品質維持と生産量の拡大を両立することである。そのため，設備や人材などについて，万全を期そうと考えている。

問1．下線部(a)の説明として，次のなかから適切なものを一つ選びなさい。
　　ア．自社商品のみを取り扱うことを了承した小売業のみに自社商品を販売させる流通構造
　　イ．一定の基準を満たした小売業にのみ自社商品の取り扱いを認める流通構造
　　ウ．卸売業や小売業を特定せず，多くの企業に自社商品を取り扱ってもらう流通構造

問2．下線部(b)の例として，次のなかから適切なものを一つ選びなさい。
　　ア．自社のECサイトによるインターネット販売
　　イ．通信販売業者を仲介したテレビショッピング
　　ウ．地方自治体のアンテナショップでの販売

問3．下線部(c)の意味として，次のなかから適切なものを一つ選びなさい。
　　ア．一つひとつの製品の量
　　イ．一度に生産する製品の単位
　　ウ．受注から納品までにかかる時間

10　次の文章を読み，問いに答えなさい。

　　A社はベンチャー企業である。A社は設立後から順調に成長を続け，東京証券取引所のグロース市場に上場することになった。

　　A社はもともと創立者が集めた資金をもとに資本金300万円の個人企業として創業した。当初は，事業に必要な(a)資金は銀行からの借り入れにより調達していた。事業は好調で，３年後にはベンチャーキャピタルなどから出資を得て，資本金1,000万円の株式会社となった。(b)株式の発行による資金調達のメリットによって，事業はより好調となった。その後，増資を続け，資本金5,000万円となり，今回の上場につながることになった。

　　上場して株価が額面よりも高い状態で推移できれば，(c)時価発行増資という有利な方法で資金調達ができることが上場する理由であったが，上場によって一般の投資家も株式を購入できるようになり，不特定多数の株主が存在することになるという心配もある。そこでA社は株式を長期保有してくれる株主との良好な関係を維持したいと考え，(d)企業が利益に応じて株主に分配する金額や株主優待などの利益還元を充実させることを予定している。

問１．下線部(a)はどのような資金調達に分類されるか，次のなかから正しいものを一つ選びなさい。
　　ア．直接金融による株式調達
　　イ．直接金融による負債調達
　　ウ．間接金融による株式調達
　　エ．間接金融による負債調達

問２．下線部(b)について，次のなかから適切なものを一つ選びなさい。
　　ア．株式の発行によって調達した資金は，自己資本となり，返還する必要のない資金となる。
　　イ．株式の発行によって調達した資金は，利息の支払いが一定しているため計画が立てられる。
　　ウ．株式の発行によって調達した資金は，長期負債となり，固定資産の購入などに利用できる。

問３．下線部(c)の説明として，次のなかから正しいものを一つ選びなさい。
　　ア．高額な株式を額面金額で取得できるため出資者に人気が高く，多額の資金を調達できる。
　　イ．株価が高い状態であれば，少量の株式の発行によって目的の資金が調達できる。
　　ウ．調達できる金額以上に資本金を増加させることができるため，企業体力が強まる。

問４．下線部(d)を何というか，漢字３文字で正しい用語を記入しなさい。

11 次の文章を読み，問いに答えなさい。

　スマートフォンに使われているオペレーションシステム（以下，ＯＳ）はＡ社が開発したＸと
Ｂ社が開発したＹの２種類が，市場をほぼ独占している。この二つのＯＳの戦略には大きな違い
がある。

　Ｘはその特許のほとんどを公開せず，Ａ社が独占的に利用している。Ａ社はこのような戦略を
採用しているため，世界のスマートフォンにおけるＸの市場シェアはＹに大きな差をつけられて
いる。しかし，(a)クローズ戦略を採用するメリットもあり，Ａ社は戦略を継続している。また，
Ａ社は(b)特許権のほか，実用新案権や意匠権，商標権といった知的財産権についても厳重に管理
している。

　それに対し，Ｙは多くの企業に使用する権利を認める(c)オープン戦略を採用している。スマー
トフォン端末を製造するメーカーは，ロイヤリティという権利を利用する者が権利を保有する者
に支払う対価を支払うことでＹを使用できる。この結果，Ｙを使用したスマートフォンは大きな
市場シェアを獲得している。

　Ａ社とＢ社は，それぞれ対照的な戦略を用いているが，この２社が切磋琢磨することによって，
スマートフォンの市場がより進化することが期待される。

問１．下線部(a)の例として，次のなかから最も適切なものを一つ選びなさい。
　　ア．独占的に利用することにより，販売チャネルもコントロールしやすく，価格競争なども起
　　　きづらいため，高い利益を確保することができる。
　　イ．独占的に利用することにより，頻繁なバージョンアップなどの必要が無く，それに要する
　　　費用が削減できる。
　　ウ．独占的に利用することにより，世界的な市場シェアは増えないが，特定の地域に限定して
　　　マーケティングを行いやすくなり，大きな利益を得られる。

問２．下線部(b)を何というか，漢字５文字で正しい用語を記入しなさい。

問３．本文の主旨から，下線部(c)のメリットとして，次のなかから最も適切なものを一つ選びな
　　さい。
　　ア．自社のＯＳの技術を公開することで，他社が技術開発を止めることが期待できるため，結
　　　果的に他社の技術を遅らせ，利益を得る機会が増える。
　　イ．自社のＯＳの市場シェアが拡大することで，ＯＳに合わせたアプリなどの開発が進み，Ｏ
　　　Ｓの市場全体が成長し，収益を得る機会が増える。
　　ウ．自社のＯＳを搭載した端末の種類が増えることで，端末価格の値上げが容易になり，収益
　　　を得る機会が増える。

12 次の文章を読み，問いに答えなさい。

　東京証券取引所（以下「東証」という）は，日本の代表的な証券取引所であり，名だたる企業の株式が取引される東証での株式上場は，経営者にとって一つの目標とも言われている。

　そんな東証では，市場開設者の立場から，上場企業の(a)コーポレート・ガバナンスの充実というテーマに対し，明確な目標を定め，その目標に向けた歩みを確実に進めていくことが必要だという認識のもと上場制度の運営に当たっている。

　特に，適切な情報開示に企業経営者が責任を持って取り組む意識を持つことと，(b)企業経営者の独走を牽制する観点から独立性のある社外の人材を適切に活用することを重視している。その実現を促進する観点から，各社のコーポレート・ガバナンスの状況をより明確に投資家に伝える手段として，上場企業に対して「コーポレート・ガバナンスに関する報告書」の開示をお願いしている。

　コーポレート・ガバナンスの関連情報については，(c)企業の説明責任の一つとして従来の決算短信でも開示されていたが，開示内容が各社の裁量に委ねられていたり，ほかの決算情報と一緒に開示されていたため，投資家が各社のコーポレート・ガバナンス体制について，独自に比較・判断することが難しい状況であった。そこで，コーポレート・ガバナンス関連情報を報告書の形で集約し，東証のWebサイトに一覧として常時掲載することで，投資家がいつでも自由に比較・検討することが可能になった。

　実際に報告書を見ると，たとえば醸造業を営むA社では，企業経営の根本となる理念や(d)経営活動を行っていくうえでの意思決定の方法などが細かく記載されており，企業の姿がきちんと「見える化」されている。東証がこのような報告書の作成を求めることによって，企業側もこれまでの経営体制を見直し，新たなステップにいくための機会にすることができるだろう。

問１．下線部(a)の説明として，次のなかから適切なものを一つ選びなさい。
　ア．企業統治のことであり，利害関係者が企業を牽制すること。
　イ．情報開示のことであり，利害関係者に財務状況など企業の情報をきちんと開示すること。
　ウ．企業倫理のことであり，利害関係者に対し，自社が守るべき行動規範を明確にすること。

問２．下線部(b)を何というか，漢字５文字を補って正しい用語を完成させなさい。

問３．下線部(c)を何というか，次のなかから正しいものを一つ選びなさい。
　ア．キャピタルゲイン　　イ．アカウンタビリティ　　ウ．ステークホルダー

問４．下線部(d)に関する説明として，次のなかから適切なものを一つ選びなさい。
　ア．経営活動における意思決定は，原則，取締役会に委ねられている。
　イ．経営活動における意思決定は，重要事項を決めるため，原則，株主総会で決定する。
　ウ．経営活動における意思決定は，機密情報などもあるため，原則，一部の役員のみで行われる。

⑬ 次の文章を読み，問いに答えなさい。

　企業は，私たち個人と同じく地域社会における一市民であり，ビジネスにおいて利益を追求する以前に，良き市民としての責任を果たしていくことが求められている。

　日本の老舗の医薬品メーカーであるＡ社は，「サステナビリティレポート」において，伝統に基づく企業理念のもと，サステナブルな社会を目指すための企業としての姿勢や取り組みといった(a)企業の社会的責任についてまとめている。

　このレポートでは，気候変動への対応や天然資源の保全，循環型社会に配慮した製品開発といったＡ社の環境に対する取り組みのほか，Ａ社で働く従業員の40％程度が，ワークライフバランスをきちんと保つことができていないという現状から，(b)ダイバーシティの推進や従業員の身体的・精神的・社会的・経済的な安定に向けた取り組みを明文化し，従業員への約束というかたちでこれを公開している。

　レポートにおいては，Ａ社のガバナンス体制についての情報も公開されている。これによるとＡ社の全取締役15名のうち11名が社外の人材であり，グローバル経営を標榜することから，老舗でありながらも取締役のうち10名が外国人であるという点は非常に特徴的である。

　また，(c)取締役会の監督のもと，管理者が置かれ，Ａ社全体のリスク管理を統括していることも記されており，いざというときの対応がきちんと構築されている点は医薬品メーカーとしての信頼が増す要因にもなっている。

　近年は財務状況だけでなく，企業経営に関するさまざまな情報もきちんと公開することが主流となっている。このような取り組みこそが，企業が良き市民としての責任を果たす第一歩なのかもしれない。

問１．下線部(a)を略した言葉は何か，次のなかから正しいものを一つ選びなさい。

　ア．ＣＲＭ　　イ．ＣＳＲ　　ウ．ＳＣＭ

問２．下線部(b)の説明として，次のなかから適切ではないものを一つ選びなさい。

　ア．これまでのような画一的な働き方だけでなく，勤務形態や勤務時間，働く場所などを柔軟にとらえることで，多様な働き方を提供する取り組み。

　イ．性別や国籍，年齢，障がいの有無などにとらわれず，多様な人材を採用し，企業経営に役立てていく取り組み。

　ウ．仕事の時間と生活の時間との調和をとることで，たがいにプラスの作用が働き，仕事における生産性の向上や私生活における生きがいなどを高めるための取り組み。

問３．下線部(c)のような取り組みを何というか，次のなかから正しいものを一つ選びなさい。

　ア．リスク・ヘッジ　　イ．リスク・アプローチ　　ウ．リスク・マネジメント

14 次の文章を読み，問いに答えなさい。

　　A社は，インテリアを中心とした耐久消費財を(a)サブスクリプションで提供するベンチャー企業である。家具・家電製品を所有せず，いつでもレンタルできるその手軽さが，(b)SDGsの達成をめざす時代のニーズともマッチし，多くのユーザーから支持されている。

　　そんなA社は，創業者による「家具はもう売り切りの時代じゃなく，レンタルする時代じゃないか」という考えから始まったという。そして，「"暮らす"を自由に，軽やかに」という事業のビジョンを定め，2018年に従業員3名，資本金100,000円で起業された。資金調達は，主にベンチャー企業の将来性に投資をするベンチャーキャピタルに相談し，出資をしてもらうことになった。

　　サービス内容は，家具や家電製品を個人や法人向けに定額制でレンタルすることであるが，これは，(c)多くのメーカーから提供してもらった製品とそれを使いたい人とをマッチングさせる場を提供するビジネス・モデルでもある。主な顧客ターゲットは，転勤など引っ越しの多い人や子供の成長によって家具の買い替え需要の多い子育て世帯などであるが，お気に入りをみつけるためにもっといろいろなメーカーの製品を試したいといったユーザーも対象であり，ファッションのように気軽に試しにくい家具や家電製品の魅力を伝えることにも一役買っているビジネスである。

　　A社の業績は，右肩上がりの成長を続けているが，これも創業者による社会を変えたいという強い思いがあったからこそである。そんなA社の創業者は，各種取材において，(d)起業したいならば，自分ではなく，他者や社会に対して何を与えたいかということを考えて，チャレンジして欲しいというメッセージを発信している。いつの時代も私たちの未来をつくっているのはこうした挑戦者たちであり，それに続く私たちなのだ。

問1．下線部(a)の説明として，次のなかから最も適切なものを一つ選びなさい。
　ア．他社が製造した製品を仕入れて売ることで収益を生み出すビジネス・モデル。
　イ．製品本体を販売後，付随の消耗品を販売することで収益を生み出すビジネス・モデル。
　ウ．長期的な利用を目指し，顧客への継続的な課金を通じて収益を生み出すビジネス・モデル。

問2．下線部(b)はどのような社会を目指しているか，漢字4文字を補って正しい用語を完成させなさい。

問3．下線部(c)の説明について，次のなかから適切なものを一つ選びなさい。
　ア．フリーミアムモデル　　イ．ライセンスモデル　　ウ．プラットフォームモデル

問4．下線部(d)のような企業家が持つ気質や能力・行動様式のことを何というか，次のなかから適切ではないものを一つ選びなさい。
　ア．コーポレート・アイデンティティ　　イ．企業家精神　　ウ．アントレプレナーシップ

15 次の文章を読み，問いに答えなさい。

　ノーベル平和賞受賞者で経済学者のムハマド・ユヌス博士によって提唱されたソーシャル・ビジネスが近年広まりをみせている。ソーシャル・ビジネスとは，ビジネスの手法を通じて社会的な課題解決を果たす事業のことであり，社会貢献を目的としながら，事業収益をあげることにより経済的な持続性も担保している点が特徴である。

　そんなソーシャル・ビジネスの一つとして，育児中の母親に焦点を当てて起業したのが子育て情報サイトを提供するＡ社である。Ａ社は育児に奮闘する母親たちが本当に欲しいと思う地域の情報を入手できる情報サイトが少ないことから，もっとそれぞれの地域に特化した母親たちのための情報サイトをつくりたいと現役の母親によって設立された(a)株式会社である。

　創業者は，子育ての合間に時間をつくっては地域の起業セミナーへ通い，(b)事業の成長可能性やその実現に必要なアクションプランなどのまとめ方や資金調達の方法などを学んで起業し，事業の構想から５年後にサービスを提供することになった。

　なお，(c)情報サイトというサービスの特性から創業当初は広告モデルによって収益を得ていたが，現在は情報サイト運営を中心としながら，親子カフェや育児セミナーなどの新たな育児関連サービスや学習塾の運営・開設サポート，商品開発など法人向け事業も数多く手がけるようになり，より多くの課題解決のお手伝いと複数の事業による収益の確立を実現している。

　今後も政府主導の少子化対策が進められていくなかで，出産や育児に関する多くの悩みが生じることが予想されるが，そんな悩みを持つ親たちを支援するＡ社のような出産や育児に関するソーシャル・ビジネスの需要はますます大きくなることだろう。

問１．下線部(a)の設立手続きの説明として，次のなかから適切なものを一つ選びなさい。
　　ア．設立登記とは，税務署で登記を行うことであり，その後，健康保険や厚生年金保険に加入する手続きを法務局で行うことである。
　　イ．商号とは，本社の所在地のことであり，事業目的とともに会社設立を行ううえでも重要な事項であり，定款に記載することが決められている。
　　ウ．会社の目的や活動，構成や業務執行に関する基本規約・規則のことを定款といい，作成後は，公証人による認証を受ける必要がある。

問２．下線部(b)をまとめた書類を何というか，漢字５文字で答えなさい。

問３．本文の主旨から，下線部(c)の説明として，次のなかから適切なものを一つ選びなさい。
　　ア．当初は無料で情報サイトを利用させ，あとからより高機能な有料のサービスの広告を行い，ユーザーを有料サービスへ誘導することで収益を得る仕組みを展開していた。
　　イ．目的や居住地域の明確なユーザーが利用するため，該当地域の企業や商店の広告効果が高く，情報サイトで広告枠を提供し，広告料を受け取るビジネス・モデルが確立できていた。
　　ウ．情報サイトで出産や育児に関する商品の広告を行い，その商品の販売を行ったあと，付属品や消耗品を販売することで収益を得るビジネスを展開していた。

第2回
商業経済検定模擬試験問題
［ビジネス・マネジメント］

解答上の注意

1．この問題のページはp.38からp.52までです。
2．解答はすべて別紙解答用紙(p.87)に記入しなさい。
3．文字または数字で記入するもの以外はすべて記号で答えなさい。
4．計算用具などの持ち込みはできません。
5．制限時間は50分です。

1 次の文章を読み，問いに答えなさい。

　信用金庫に勤務するＡさんが担当している取引先である運送店のＢ社長は，「2022年の急激な社会情勢の変化のため，日本におけるエネルギー価格が想定していたよりも高騰する状況になり，経営が苦しくなった。」と電話でＡさんに話していた。これは，(a)人間の情報処理能力には限りがあり，Ｂ社長が最高の判断ができなかったことが要因である。

　Ａさんは，Ｂ社長から資金繰りについて相談したいという連絡を受け，14時に運送店の店舗で会う約束をした。そこで，Ａさんは自転車で店舗に向かっていたが，交差点で一時停止しなかった自動車と接触事故に遭ってしまった。ヘルメットをかぶっていたため，幸い大きなけがはなさそうだったが，警察に連絡したり，病院に行って検査したりする必要があるため，店舗に14時に行くことができなくなった。そこで，Ｂ社長と信用金庫の上司に事故の内容と14時に訪問ができなくなったことを伝えた。Ａさんは「(b)事故に遭うことは，事前に把握できない。事前に把握できないことで取引を計画通りに進めることができないこともあるんだな」と思った。その後，警察に状況を話し，病院で検査を受けたが，異常はなかった。後日，ＡさんはＢ社長に連絡し，無事を伝え，あらためて訪問する日程を伝えることができた。

　今回，Ａさんに大きなけががなかった要因はヘルメットを着用していたからである。Ａさんは以前，2023年４月１日から，自転車に乗る人全員に，ヘルメット着用の努力義務が課されることになるというニュースを見た。そこで，Ａさんはすぐにヘルメットを購入し，日ごろから着用していたのである。しかし，(c)Ａさんの周りはまだ着用していない人が多い。これは，人間が持つ変化を嫌う傾向によるものだろう。

　ヘルメットをかぶるという変化に適応するためには努力が必要であり，場合によっては不安や苦痛を伴う。しかし，2008年に13歳未満の児童や幼児が乗る時にヘルメットをかぶらせるよう保護者らへの努力義務が定められ，現在は，(d)自転車に幼児を乗せる際，多くの保護者はヘルメットをかぶらせるようになっている。そのため，今後は，ヘルメットを着用する人が増えてくるだろうと予想される。

問１．下線部(a)を何というか，漢字で正しい用語を記入しなさい。

問２．本文の主旨から，下線部(b)のような状態を何というか，次のなかから正しいものを一つ選びなさい。
　　ア．効率性　　イ．不確実性　　ウ．変動性

問３．本文の主旨から，下線部(c)を何というか，次のなかから最も適切なものを一つ選びなさい。
　　ア．組織の慣性　　イ．社会の慣性　　ウ．個人の慣性

問４．本文の主旨から，下線部(d)の要因として，次のなかから最も適切なものを一つ選びなさい。
　　ア．幼児にヘルメットをかぶらせることに便益があると感じたため。
　　イ．幼児にヘルメットをかぶらせない場合の罰則の規定を恐れたため。
　　ウ．幼児にヘルメットをかぶらせることに必然性がないことを知ったため。

② 次の文章を読み，問いに答えなさい。

　顧客は，商品の消費を通じて，自身の抱える課題を解決し，その経済的な対価として，企業に金銭を支払う。当然，顧客に提供される商品には(a)有用性が求められる。

　たとえば，1980年代に登場した携帯電話は，当時，高所得者やビジネスにおいて必要とする人だけが(b)実際に取引している顧客であった。そこで，(c)電話会社や携帯電話メーカーは，潜在顧客や未知の顧客に対して，携帯電話の普及を妨げる要因を解消する施策を実施していった。この努力の結果，現在はほとんどの国民が利用するサービスとなっている。

問１．下線部(a)の説明として，次のなかから最も適切なものを一つ選びなさい。
　　ア．資源や財の配分について，無駄がある程度のこと
　　イ．顧客が本来必要とする数量に比べて少ない数量しか供給できない状況
　　ウ．顧客のニーズ充足や課題解決について提供する価値が高いこと

問２．下線部(b)のような顧客を何というか，漢字４文字で正しい用語を記入しなさい。

問３．下線部(c)の説明として，次のなかから適切ではないものを一つ選びなさい。
　　ア．顧客に対して，アンケートを実施し，使用している端末やサービスに関する不平や不満を調査し，改善することで顧客満足の向上に努めた。
　　イ．顧客に対して，携帯電話でできるサービス内容に関するCMを作成し，顧客が気づいていなかった顧客のニーズについて認識させた。
　　ウ．顧客に対して，端末の購入価格や通信費用を安く設定したり，通話が可能な範囲を広げたりして，これまで購入をためらっていた顧客に購入しやすくした。

③ 次の文章を読み，問いに答えなさい。

　事業創造には，すでに何かの事業を展開する既存企業における事業創造と，(a)新たに企業が設立される事業創造がある。それでは，事業創造するプロセスについてみてみよう。

　Aさんはサラリーマンとして勤務しながら，週末は，素材の味を活かした体に良いラーメンをつくるために研究を続けていた。そして，化学調味料を添加しない煮干しをスープとするラーメンを完成させたので，会社を辞め，ラーメン店を設立することにした。Aさんは，ラーメン店が近隣になく，ラーメンを食べる可能性が高い若い世代が多く住む地域に出店しようと考えた。そして，(b)Aさんの略歴，ラーメン店のビジョン，ラーメンの内容，想定される顧客の特徴，今後の戦略や収支予想などをまとめた提案書を作成し，これをもとに事業創造に必要な経営資源を準備し，店をオープンさせることができた。その後，この店は地域で有数の繁盛店となった。

問１．下線部(a)を何というか，次のなかから正しいものを一つ選びなさい。
　　ア．イノベーション　　イ．協働　　ウ．創業

問２．下線部(b)を何というか，次のなかから正しいものを一つ選びなさい。
　　ア．稟議書　　イ．定款　　ウ．事業計画書

④　次の文章を読み，問いに答えなさい。

　ビジネスを取り巻く外部環境から存続可能性や成長可能性を評価する際に，(a)利益ポテンシャルに注目する分析方法をファイブ・フォーシズ分析という。ファイブ・フォーシズ分析とは，対抗度，新規参入，売り手，買い手，代替品という五つの要因により利益ポテンシャルがどのような影響を受けるかを分析する手法である。それでは，イタリア料理店のチェーンを運営するＡ社の立場から，ファミリーレストラン業界について分析してみよう。

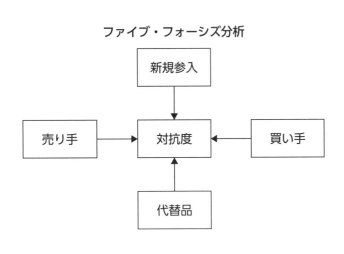

ファイブ・フォーシズ分析

　Ａ社をファミリーレストランとしてみたとき，競合企業にはＢ社，Ｃ社といった知名度が高い企業が挙げられる。また，ファミリーレストラン業界では，Ａ社を含めた数社が多数の実店舗を展開しており，ブランド力，認知度，市場シェアといった要因から，新規企業が大きな収益を確保することは簡単ではない。また，近年は新型コロナウイルス感染症流行の影響もあり，ファミリーレストランだけでなくサービス業全体が良い状況ではなかった。

　食事に関するトレンドからみると，家庭内で食べられる冷凍食品などの内食や持ち帰りの中食に一定数の消費者が移行しているため，コロナ禍以前の売上高まで回復している店舗は少ない。Ａ社は一般的な食材に加え，ドリンクやデザートなどの材料を契約している業者から仕入れている。この業者選定はある程度の期間ごとにＡ社にとって有利な条件を出したところと契約している。Ａ社にとっての顧客は，一般消費者であるため，商品によっては簡単に他社に流れてしまう。このように，(b)ファイブ・フォーシズ分析からＡ社にとっての脅威が判明するのである。

問１．下線部(a)の説明として，次のなかから最も適切なものを一つ選びなさい。
　ア．対象とする市場で上げることができるかもしれない利益
　イ．連結会社間で取引された商品が売れ残っている場合の，その商品に含まれる利益
　ウ．仕入の段階でその仕入れた商品が全部完売した時の予想利益

問２．本文の主旨から，下線部(b)の脅威の説明として，次のなかから正しいものを一つ選びなさい。
　ア．売り手は，Ａ社で食事をする一般消費者である。
　イ．代替品は，ドリンクやデザートなどの材料である。
　ウ．対抗度は，Ｂ社やＣ社といった知名度が高い企業である。

5 次の文章を読み，問いに答えなさい。

組織において経営者や管理者が行うべき業務のうち，最も基本的なものは分業と調整である。(a)分業は経済活動の基礎とされている。それでは，組織における分業と調整の例をみてみよう。

実教高校サッカー部は部員が約100名を超える，東海地区の強豪高校である。監督はチーム強化のために，(b)攻撃，守備，戦術といったチームに必要なタスクを各コーチに振り分けて分業させている。

実教高校サッカー部は週末リーグ戦を迎える。対戦相手の高校は積極的にボールを奪いにくるハイプレス戦術を得意としていた。監督と各コーチは話し合い，選手たちに「相手が攻めてこなくても，あえてすぐに取りに行かず，ボールを相手に持たせて，こちらのゴールに近づいたら人数をかけてボールを奪い，速攻を仕掛けるカウンターサッカーで試合に臨むぞ」と指示を出した。試合が始まると実教高校の作戦は功を奏し，有利に試合を展開した。しかし，相手は実教高校の作戦に対応し，実教高校が想定しているより多くの人数をかけてきたため，これまでの守備システムでは対応できなくなった。そこで，(c)監督は，これまでは4人でディフェンスしていたが，ディフェンスの人数を増やし，5人でディフェンスしていくと指示を出し，組織を調整した。この調整により，ディフェンスが安定し，試合に勝つことができた。

問1．下線部(a)と述べた経済学者の名前を何というか，次のなかから正しいものを一つ選びなさい。
ア．アダム・スミス
イ．ヨーゼフ・シュンペーター
ウ．ジョン・メイナード・ケインズ

問2．下線部(b)のような分業を何というか，漢字で正しい用語を記入しなさい。

問3．本文の主旨から，下線部(c)のような組織の調整を何というか，次のなかから最も適切なものを一つ選びなさい。
ア．事前の調整　　イ．水平的調整　　ウ．垂直的調整

6 次の文章を読み，問いに答えなさい。

　A社は1958年創業の衣料品と服飾品の企画販売を行っている企業である。主力はスーツを中心とした紳士服であり，業界第2位の紳士服量販店を運営して順調な経営を行っていた。しかし，1990年代後半からはスーツの市場環境が厳しくなっていく。(a)スーツの価格が下がっていることに加え，スーツとカジュアルウェアの垣根がますます低くなることで，A社のスーツ売上の成長率は鈍化傾向にあり，利益が徐々に少なくなっていた。

　そこで，A社はビジネスの拡大を目指すことにした。この基本的な方針は，成長マトリクスという考え方で策定した。A社は店舗の閉鎖や縮小を実施したが，その際に郊外型店舗を中心に余剰スペースが生まれた。その有効利用として始めたのが，インターネット環境のほか，さまざまなアミューズメント空間・設備を備えた複合カフェ事業である。(b)A社はこのような多角化による方針を取り，ビジネスの拡大を行ったのである。また，A社はほかにもブライダル事業を展開している。ある店舗では年間1,000組が結婚式を挙げ，1年先の予約は当たり前というほど人気があったが，ブライダル事業は以前ほどの勢いはない。ブライダル事業の売上高営業利益率は他事業よりも高かった。A社はほかにもカラオケ事業，フィットネス事業を展開している。(c)A社はこのようにさまざまな事業を展開することでビジネスを拡大しているのである。

問1．下線部(a)からスーツ事業は事業ライフサイクルのどの時期に分類されるか，次のなかから最も適切なものを一つ選びなさい。

　ア．導入期　　イ．成長期　　ウ．成熟期　　エ．衰退期

問2．本文の主旨から，下線部(b)の方針として，次のなかから正しいものを一つ選びなさい。

　ア．新たな市場に，新たな商品を出して成長する方針

　イ．新たな市場に，既存商品を出すことで成長する方針

　ウ．既存市場に，新たな商品を出すことで成長する方針

問3．本文の主旨から，下線部(c)の理由として，次のなかから最も適切なものを一つ選びなさい。

　ア．二つ以上の商品を別々の企業がそれぞれ独立して手がけるよりも，同じ企業内で二つの商品を手がけたほうが，費用が小さくなったり，利益が大きくなったりするから。

　イ．複数の事業を手がけていれば，ある事業が低迷しても，ほかの事業でそれを補うことが可能となるから。

　ウ．投資を抑えつつ事業を継続することで残存者利益を得るか，売却や譲渡を通じた撤退するかを判断することが可能となるから。

7 次の文章を読み，問いに答えなさい。

　組織において経営者や管理者が行うべき業務のうち，タスクの遂行が円滑に進むように，各組織成員がとるべき行動を事前に決めたり，組織成員どうしで問題が生じたときに介入したりすることを調整という。調整は事前の調整と(a)事後の調整に分けることができる。

　事前の調整とはタスクが実行される前に，問題が生じた場合や作業の内容などを事前にどのようにするかをあらかじめ決めておくことである。問題や作業内容とその対応方法を合わせて行動プログラムという。それでは，行動プログラムについてみてみよう。

　A社は，世界的にファストフードチェーンを展開している。多くの店員はパートかアルバイトで，この店員たちを通常1名以上の社員で統括している。ほとんどの店員がパートやアルバイトで運営できる要因として，(b)作業の手順やサービスの方法といった行動プログラムを体系的にまとめた冊子の存在が挙げられる。これを準備することで，新人であっても一定水準のサービスを提供することを可能としている。A社ではこの冊子で決められた作業を教える際，なぜ，そのような手順となっているのかといったことや，顧客においしく感じてもらうためにこうしている，などのその理由を伝えているという。これは顧客満足の実現のため，アルバイトに経営理念を理解してもらうことを目指しているのだろう。経営理念を理解してもらう理由は，パートやアルバイトの店員に経営理念が浸透していれば，(c)行動プログラムに想定されていないことが起こったとしてもアルバイトが主体的に対応することが可能となるからである。

問1．下線部(a)の例として，次のなかから最も適切なものを一つ選びなさい。
　ア．受験生が検定試験の受験票を忘れた場合，試験本部で再発行することにより受験を可能とすると決めておくこと。
　イ．定期試験の当日，悪天候により定刻に遅れる生徒が多数いたため，試験本部が開始時間を生徒が学校へ到着する予定時刻に変更すると決めること。
　ウ．吹奏学部が発表会を行った際，発表後会場からアンコールがあったため，予定していた曲を演奏すると決めたこと。

問2．下線部(b)を何というか，次のなかから正しいものを一つ選びなさい。
　ア．マニュアル　　イ．ハンドブック　　ウ．リスト

問3．下線部(c)を何というか，漢字4文字で正しい用語を記入しなさい。

8 次の文章を読み，それぞれの問いに答えなさい。

　人材を「人財」と表現する企業や経営者がいる。「人財」は当て字であるが，この言葉をあえて用いる理由は，従業員は宝であり大切な存在であるという企業や経営者のメッセージが込められているのであろう。従業員を始めとした人的資源は企業にとって重要な存在であり，従業員が高いモチベーションを維持し，能力を十分に発揮できる環境を整えることは，企業が最優先にしなければならない課題なのである。そのため，企業には賃金制度の整備が求められる。

　従業員のモチベーションを高く維持するために，従業員の能力に応じた適切な賃金を支払うことは欠かせない。その実現のために，(a)職能資格制度を採用している企業は多い。職能資格制度では，号俸表によって従業員の職能に応じた号俸とその賃金を定め，従業員の(b)昇格や昇進に合わせて，それにふさわしい賃金が支払われる。日本企業においては，勤務年数とともに号俸も上がるように定められていることが一般であり，このことは，(c)勤務年数に比例して，賃金や地位が上昇していくという日本的な経営慣行の基盤となっている。

　また，(d)社会保険制度や労働保険制度，社宅の整備や健康・医療関連費，文化・娯楽関連費の援助などの，通常の賃金以外の方法で従業員に提供する報酬もある。これらの制度の活用により，従業員の生活水準の向上が実現するため，従業員のモチベーションの向上につながる。

　賃金制度を充実させることにより，従業員のモチベーションは高まることが期待されるが，それは同時に，企業にとっては費用負担の増加を意味する。適切な賃金制度は，「人財」を大切にするために，企業や経営者が取り組む大きなテーマである。

問１．下線部(a)の説明として，次のなかから適切なものを一つ選びなさい。
　ア．従業員の職務遂行能力を判定し，それぞれのレベルに応じた等級という基準にあてはめ，賃金を決定する制度。
　イ．従業員の仕事の達成状況について年度末に評価を行い，その成果の度合いに応じて，次年度の賃金を決定する制度。
　ウ．従業員と企業が，達成した売上の10％を賃金として支給するといった契約を結び，その契約に基づき，毎月の賃金を決定する制度。

問２．下線部(b)の説明として，次のなかから適切なものを一つ選びなさい。
　ア．昇進は号俸が上がることで賃金が上がることであり，昇格は課長から部長になるといった職階が上がることである。
　イ．昇進は課長から部長になるといった職階が上がることであり，昇格は号俸が上がることにより賃金が上がることである。
　ウ．昇進は能力を認められ，より高い賃金を支払う企業に転職することであり，昇格は子会社や関連会社へ籍を移すことである。

問３．下線部(c)を何というか，次の中から正しいものを一つ選びなさい。
　ア．企業別労働組合　　イ．年功序列　　ウ．終身雇用

問４．下線部(d)を何というか，漢字４文字で適切な用語を記入しなさい。

9　次の文章を読み，問いに答えなさい。

　わが国には，納税のために税務署や市役所，町村役場などに訪れた経験が一度もない労働者が数多く存在する。それは，わが国には，源泉徴収制度と特別徴収制度という納税制度が存在するからである。

　わが国の企業においては，賃金の支払いは月給制度が一般的であり，(a)基本給と(b)固定的諸手当に加え，(c)変動的諸手当が企業から従業員に支給される。しかし，この賃金の額面金額がそのまま従業員に支払われるわけではない。支給される賃金から，税金や社会保険料などが差し引かれた金額が手取りの給料として従業員に支払われる。企業は，従業員から預かった(d)所得税を従業員に代わって税務署に納付する。この制度を源泉徴収制度という。また，同様に，従業員から預かった(e)住民税を従業員に代わって市役所や町村役場などに納付する制度を特別徴収制度という。

　特別徴収制度には，医療保険や労働保険，公的年金を個人に代わって納付する制度も含むことが一般的である。これらの(f)社会保険料の支払いについては，企業がその一部を負担する義務を負っている。

　源泉徴収制度と特別徴収制度は納税する労働者にとっても，徴税する国や地方公共団体にとっても多くのメリットがある制度である。

問1．下線部(a)，(b)，(c)の例の組み合わせとして，次のなかから正しいものを一つ選びなさい。
　ア．(a)年齢給　(b)休日手当　(c)残業手当
　イ．(a)賞与　(b)役職手当　(c)住宅手当
　ウ．(a)職能給　(b)住宅手当　(c)残業手当

問2．下線部(d)，(e)の説明として，次のなかから正しいものを一つ選びなさい。
　ア．(d)と(e)はともに国税である。　　イ．(d)は国税であり，(e)は地方税である。
　ウ．(d)と(e)はともに地方税である。　　エ．(d)は地方税であり，(e)は国税である。

問3．下線部(f)の負担について，次のなかから正しいものを一つ選びなさい。
　ア．それぞれの保険料は労働者の所得から計算され，その一部を事業主が負担する
　イ．それぞれの保険料はすべての労働者が同一金額であり，その一部を事業主が負担する。
　ウ．それぞれの保険料は勤務する事業所の利益から計算され，その一部を事業主が負担する。

10 次の文章を読み，問いに答えなさい。

　A社は小型家電に特化した，小規模な家電メーカーである。新たな製品の開発にあたり，部品の調達に関する課題があると考え，調達ルートの見直しに取り組むことにした。

　もともとA社は，主要な部品については，(a)社内に部品の生産工程があり，社内で部品を生産することを実践してきた。リーマンショック以降，A社はコストダウンによる利益の確保や製品の低価格化を優先的に取り組む課題としてきたため，(b)社内の生産工程で製造していた部品を，外部の部品メーカーに発注するように切り替えることを進めてきた。これにより，低価格化が実現し，一定の売上を維持することを実現してきた。

　しかし，近年，小型家電の業界にも，特別な機能が付加されたり，洗練されたデザインが施されたりすることによって，高価格帯の製品が以前より出回るようになった。そこで，A社も自社の製品を見直し，プレミアム家電メーカーとして再出発をしようと考えた。手始めに，リビングに置いても違和感のない高級な雰囲気のデザインを施した飲料専用の冷蔵庫を生産することにした。機能や性能を高めるため特別な部品が必要となるが，特別な部品については外部への発注を止め社内で生産することにし，部品のレベルから機能を高めようと考えた。また，(c)系列取引が実現できている部品については，系列のメーカーに発注することとした。

　今後，A社は扇風機やオーブントースターなどの開発を予定している。それに合わせて，自社での部品の製造に，より一層，積極的に取り組む予定である。

問1．下線部(a)を何というか，次のなかから正しいものを一つ選びなさい。
　ア．外注　　イ．特注　　ウ．内製

問2．下線部(b)を何というか，カタカナ8文字で適切な用語を記入しなさい。

問3．下線部(c)の説明として，次のなかから最も適切なものを一つ選びなさい。
　ア．自社が資本の大部分を出資し，支配的な関係が築けている業者と安定的な取引をすること
　イ．長期的な取引により，協力的な関係が築けている業者と安定的な取引をすること
　ウ．コモディティ化が進み差別化できない部品について，最安値の業者と取引をすること

11 次の文章を読み，問いに答えなさい。

A社は食料品の卸売業を営んでいる。近年，卸売業を介さないルートで仕入をする飲食店や小売店が増え，業績が悪化している同業者も多いなか，A社は堅実な経営を続けている。ある日，税理士から，以下のような指摘を受けた。

税理士によると，「A社の(a)自己資本利益率（ROE）は５％台と低く，金融機関からの印象が悪い。将来の事業拡大のためにはROEの改善を進めるべきである」ということであった。そして，「ROEを改善させるためには，売上高利益率を高めるか，資本回転率を高める必要がある。売上高を増加させるのは容易ではないことを前提に売上高利益率と資本回転率を上げる方法を取る必要がある」と続けた。

(b)売上高を上げる方法以外で売上高利益率を上げる方法を考えたが，財務諸表では，売上総利益，営業利益，経常利益については特に問題がなく，売上高利益率を上昇させることは難しいという結論に達した。残る方法として，(c)自己資本を減らし，自己資本利益率を高めることを目標にした。A社は堅実な経営を続けていたため，自己資本が過剰になっていることが分かり，この方法は実現できる見込みである。

税理士によると，ROEが上昇することで投資家からの評価が上がるとのことであった。今回のROEの改善は，今後の資金調達にもつながると期待している。

問１．下線部(a)の説明として，次のなかから適切なものを一つ選びなさい。

ア．企業が保有するすべての資産に対して，どれだけ効率的に利益を獲得したかを表す指標であり，事業利益を自己資本で割って求めることが一般的である。

イ．株主からの出資額に対して，どれだけ効率的に利益を獲得したかを表す指標であり，当期純利益を自己資本で割って求めることが一般的である。

ウ．金融機関から借り入れた資金を，どれだけ効率的に活用して利益を獲得したかを表す指標であり，経常利益を自己資本で割って求める。

問２．下線部(b)の例として，次のなかから適切なものを一つ選びなさい。

ア．商品の単価を上げる。　　イ．借入金を増やす。　　ウ．人件費を削減する。

問３．本文の主旨から，下線部(c)の方法として，次のなかから最も適切なものを一つ選びなさい。

ア．配当金を増やし，自己資本を減らす。

イ．土地を売却し，自己資本を減らす。

ウ．借入金を返済し，自己資本を減らす。

12　次の文章を読み，問いに答えなさい。

　　A社は小規模な印刷業である。近隣の企業を主な顧客として，チラシやパンフレット，企業名
入りの封筒や便せん，名刺などの印刷を中心に営業している。近年，(a)プリンタの性能の向上や
(b)環境に配慮して紙を使わない風潮などから売上が減少している。今後，売上の減少が継続する
ようであれば，新事業を展開する必要もあると考え，顧客について整理することになった。

　　まず，顧客台帳にある約300社の顧客について，(c)顧客の特性や特徴，顧客の状況を明確にす
る作業を行った。その結果，「従業員が30人以下の製造業」と「個人経営の小売業」が顧客の80
％程度を占めていることが分かった。

　　続いて，顧客を①定期的に受注がある顧客，②数年に一度，受注がある顧客，③過去に数回，
受注があった顧客の三つに分類してみることになった。①が約30社，②が約30社，そして，③が
200社以上あることが分かった。③の顧客からの注文を見直してみると，「封筒や名刺の急ぎの印
刷」の注文が多いことが分かった。これらのことから，A社のターゲット顧客は「自社に事務専
門の従業員がいない小規模な事業所」であり，A社に対するニーズは「急ぎの印刷への柔軟な対
応」であると推定することにした。A社の近隣には小規模な事業所が多数あるため，(d)潜在顧客
も多く存在すると判断した。

　　今後，A社は名刺や封筒の印刷に，最短，数時間で対応できる体制を整え，ターゲット顧客の
ニーズに対応した企業として，事業を存続させることにした。

**問1．下線部(a)と下線部(b)はPEST分析するとどのように分類できるか，次のなかから最も適
　　　切な組み合わせを一つ選びなさい。**

　　ア．(a)政治的要因　　(b)経済的要因

　　イ．(a)社会的要因　　(b)技術的要因

　　ウ．(a)技術的要因　　(b)社会的要因

　　エ．(a)経済的要因　　(b)政治的要因

問2．下線部(c)について，次のなかから正しいものを一つ選びなさい。

　　ア．顧客のニーズと課題の特定を行う作業である。

　　イ．顧客タイプの類型化を行う作業である。

　　ウ．潜在市場規模の推定を行う作業である。

問3．下線部(d)の説明として，次のなかから正しいものを一つ選びなさい。

　　ア．すでにA社に注文をしている顧客

　　イ．まだA社に注文をしていないが，注文をしてくれる可能性がある顧客

　　ウ．まだ存在していないが，将来，A社を必要としてくれる顧客

13 次の文章を読み，問いに答えなさい。

　A社は世界で初めてハイブリッド車の量産化を実現した自動車メーカーである。A社が販売したハイブリッド車は，環境に配慮した自動車として世界的に大成功を収めた。

　A社のハイブリッド技術は他社の追随を許さないほど高度なものであり，独占的に利用して利益を上げることも可能であったが，A社は「地球環境のため，他社への技術提供もいとわない」と考え，2013年には競合企業への技術提供を始め，ライバル企業から，A社のハイブリッド車の技術を搭載した自動車が発売されるに至った。その後，2019年にはハイブリッド車について，多くの(a)特許を無償開放するという戦略を行うことを決定した。無償開放により他社からもハイブリッド車が発売されると，自社の市場シェアが奪われてしまう可能性があるが，(b)メリットが大きいと判断した結果であろう。また，A社は圧倒的な(c)ブランド力を有するため，市場での優位を維持できると判断したことも特許を無料開放した理由であると考えられる。

　このA社の戦略のような技術や知識の共有は，国際的な競争力の低下がみられるわが国が再び輝くためには不可欠であるとする意見も多い。経済産業省は，(d)自社内だけでなく，他社や研究施設，大学などの外部の経営資源を活用し，組織の枠組みを超えて，広く知識や技術を結集することで，新しい技術や製品を創造することを積極的に進めるよう取り組みを行っている。

問１．下線部(a)を何というか，次のなかから適切なものを一つ選びなさい。
　ア．オープン戦略　　イ．多角化戦略　　ウ．クローズ戦略

問２．本文の主旨から，下線部(b)と考えられることとして，次のなかから最も適切なものを一つ選びなさい。
　ア．他社からもハイブリッド車が供給されることになり，A社がハイブリッド車の生産から撤退することが可能になる。
　イ．ハイブリッド車の市場が拡大し，部品などの生産量が増加することなどにより，A社のハイブリッド車の生産費が低減する。
　ウ．無償開放と引き換えに，他社の技術や知識を得ることができるため，A社の技術革新がさらに加速する可能性がある。

問３．下線部(c)を経営資源とした場合どのような資源となるか，次のなかから正しいものを一つ選びなさい。
　ア．ブランド力を高めるためには，他社に真似できないような高い技術を持つ従業員が不可欠であるため，ブランドは人的資源と捉えられる。
　イ．ブランドは高級な製品やサービス，またはそれらを提供する企業にのみ存在するものであり，多くの企業はブランドを得るために自社の製品やサービスの価値を高めようと努力する。
　ウ．ブランドを適切に管理し，ブランド力を高めることが実現すれば，ブランドそのものにより自社の製品やサービスに付加価値を与えることができるため，重要な情報的資源である。

問４．下線部(d)を何というか，カタカナで適切な用語を記入しなさい。

⑭　次の文章を読み，問いに答えなさい。

　中堅電子機器メーカーであるＡ社は，現在の会長が一代で築いた企業であり，製品のクオリティはもちろん，発注者側の細かな要望にも丁寧に対応することから多くの取引先から信頼を得ている。

　これまでは創業者である会長の発言力が大きく，いわゆる「ワンマン経営」と言われるような会社であった。そのため，(a)最高意思決定機関である株主総会では，株主から何度も会長の独断による企業経営に対する意見と経営手法の変革を求める声が挙がっていた。

　取締役会の構成員である取締役のほぼすべてが「生え抜き」といわれるＡ社で出世を重ねてきた役員であり，会長の方針を否定することができないような状態であった。このような状況を打破するために(b)独立社外取締役の導入を求める声が強くあったが，これまでは創業者であり筆頭株主でもある会長の反対により否決されてきた。

　そんな会長もすでに経営の表舞台から退き，現在は中途採用ながら製品開発で実績を重ねてきた新しい社長を中心とした経営に変わった。また，会長自身の持ち株比率が下がったことにより，株主総会の決議により，(c)独立社外取締役も２名導入されることになったが，そのうちの１名はＡ社が最も融資を受けている銀行の役員が就任することになった。

　このような経営の変革により，Ａ社の経営手法に変化は起きたが，会長が大切にしてきた製品のクオリティと丁寧な対応といったＡ社の理念やモットーについては，現場を中心に現在もきちんと踏襲されており，Ａ社の繁栄を根底から支えている。

問１．下線部(a)に関する説明として，次のなかから最も適切なものを一つ選びなさい。
　ア．株主は株主総会における取締役の選任や解任といった権限により，会社に対して直接的牽制を行っている。
　イ．株主総会では定款の変更や利益処分，得意先との契約更新の締結といった重要事項について決定を行っている。
　ウ．株主総会は最高意思決定機関であるため，所有と経営の分離によって，所有者である株主と経営者である取締役は兼ねることができない。

問２．下線部(b)の説明として，次のなかから最も適切なものを一つ選びなさい。
　ア．生え抜きの役員が一定期間ほかの企業へ出向してから取締役に就任することで，他社の経営手法やノウハウなどを自社の経営に活かすことができる。
　イ．一般株主と利益相反が生じる恐れのない社外の人材が取締役に就任することで，株主による間接的牽制が可能となる。
　ウ．取締役の一部に子会社や関連会社への勤務を命じることで，物理的な距離を置き，取締役同士のなれ合いを防ぐことができる。

問３．下線部(c)に代表されるような日本特有の金融機関と企業の関係性を何というか，カタカナを補って正しい用語を完成させなさい。

15 次の文章を読み，問いに答えなさい。

衣料品メーカーであるＡ社は，自社より企業規模の大きいＢ社との合併に向けた協議を進めていた。確かな技術力と新製品の企画力に長けているＡ社と多くのネットワークを持ち営業力の高いＢ社が一つの会社になれば，トップクラスの市場シェアを獲得することになる。

そうなるとＡ社とＢ社の多くの株主は，企業価値が上がり，多額の(a)キャピタルゲインを獲得することが見込めるため，合併に前向きであるが，Ａ社の一部の株主からは，企業風土の違う両社の合併に対して疑問の声が上がっている。

昔ながらのいわゆる「日本的経営」によって従業員を家族のように扱ってきたＡ社と，コスト削減のために人件費を徹底的に抑制するＢ社との違いは大きく，特にＢ社においては，近年，人件費抑制の影響から，(b)職場内での嫌がらせや不和が絶えない状況が続いている。もし合併すれば，企業規模の大きいＢ社が主導となり，このような企業風土にＡ社が飲み込まれていくことが予想される。

当初は，キャピタルゲインを期待する株主が優勢であり，両社の合併の話が進んでいたが，直前になって，Ｂ社が(c)自社製品の欠陥による重大な損害を発生させ，その事実を隠ぺいしていたことが分かり，両社の合併話は白紙に戻った。

現在は，Ｂ社も過去の過ちを反省し，消費者の信用を取り戻すよう努めており，Ａ社も営業力の強化とリスク管理に対する仕組みづくりを行うなど，それぞれの道を歩んでいる。

問１．下線部(a)の説明として，適切なものを一つ選びなさい。
　ア．株式を売却して，値上がり益を得ること。
　イ．株式を保有して，配当金を得ること。
　ウ．株式の売買を仲介して，手数料を得ること。

問２．下線部(b)を何というか，次のなかから正しいものを一つ選びなさい。
　ア．ワークライフバランス　　イ．ハラスメント　　ウ．ダイバーシティ

問３．下線部(c)のような事態が起きた際のメーカーの責任について定めた法律は何か，次のなかから正しいものを一つ選びなさい。
　ア．製造物責任法　　イ．特定商取引法　　ウ．消費者契約法

16 次の文章を読み，問いに答えなさい。

スープ専門店を展開するＡ社は，総合商社に勤務していたＡ社の創業者が，ある日，「女性が
ひとり，お店の一角で，温かいスープをすすっているシーン」が思い浮かび，新しい事業として
立ち上げたところから始まった会社である。

「秋野つゆ」という架空の女性像を中心とした物語風の企画書をもとに，ターゲットは０歳～
100歳，「Soup For All（すべての人にスープを）」をコンセプトとして，(a)多くの専門的なスキ
ルを持ったメンバーと一緒にスープの試作を重ね，都内に１号店をオープンさせた。

その後，Ａ社の創業者は，このプロジェクトを本格的なビジネスとして成長させたいという思
いから，新規事業の一つではなく，自らも出資する形で社内ベンチャーとして，Ａ社の前身とな
る(b)株式会社旧Ａ社を設立した。

そして，(c)創業から10年，総合商社の従業員の立場で旧Ａ社の経営を行ってきた創業者は，今
後の経営を考えるなかで，さらなるビジネスの拡大を目指し，総合商社から旧Ａ社を独立させる
ことを決意した。創業者自身も総合商社を退職するとともに，(d)経営陣自らが事業買収を行う方
法によって，旧Ａ社株式を商社から100％取得し，新たなかじ取りを進めることになった。

その後，スープ専門店の事業は順調に進み，異業種の事業も増えてきたため，スープ専門店の
事業を分社化することで，現在のＡ社となり，介護食や離乳食といった新たな分野への参入を目
指しているところである。

問１．下線部(a)のように特定の目的のために編成される部門のことを何というか，カタカナ６文
字を補って正しい用語を完成させなさい。

問２．下線部(b)に関する説明として，次のなかから最も適切なものを一つ選びなさい。
　ア．商号とは会社の名前のことであり，事業内容も考慮して考える必要がある。また，会社の
　　基本的な事項であるため，一度決めた会社名は変更することができない。
　イ．会社設立時に事業目的を定める必要があるが，実施していない事業を定款に記載すること
　　はできないため，創業後，すぐに行う事業についてのみを記載することにした。
　ウ．定款を作成したら，公証人による定款の認証が必要であり，その後，法務局において登記
　　を行うことが求められている。

問３．下線部(c)と同じ意味とされている用語は何か，次のなかから適切なものを一つ選びなさい。
　ア．ビジネス・モデル　　　イ．スタートアップ　　　ウ．イノベーション

問４．下線部(d)のことを何というか，次のなかから正しいものを一つ選びなさい。
　ア．Ｍ＆Ａ　　　イ．ＴＯＢ　　　ウ．ＭＢＯ

第3回
商業経済検定模擬試験問題
［ビジネス・マネジメント］

解答上の注意

1．この問題のページはp.54からp.68までです。
2．解答はすべて別紙解答用紙（p.89）に記入しなさい。
3．文字または数字で記入するもの以外はすべて記号で答えなさい。
4．計算用具などの持ち込みはできません。
5．制限時間は50分です。

① 次の文章を読み，問いに答えなさい。

社会のニーズや課題に応える新しいビジネスを社会に生み出す活動を事業創造という。事業創造には，(a)基本方針が必要となる。それでは，事業創造に向けた戦略の立案についてみてみよう。

A社の創業者Xさんは，20代の頃は闘病生活が続いていたが，さまざまなお店を食べ歩き，食べることの大切さに気が付いた。そこで，コーヒーを飲むように気軽に行けることをコンセプトとした飲食店を開業した。当時のA社は顧客から一定の支持があったが，全国規模のコーヒーチェーン店が拡大してきており，売上の減少が懸念された。そこで，(b)A社はコーヒーなどの喫茶メニューに頼らず，売上が増加することを達成するために，ハンバーグに注力することとした。この地域にはハンバーグを提供する全国チェーン店が進出していたが，その店では工場で調理済みのものを再加熱していた。店舗で炭火を使い，焼いて提供するファミリー層を対象とした店はなかったため，ファミリー層向けの炭火ハンバーグ店をロードサイドに出店することにした。

主なメニューはハンバーグのみとして，当初は，材料となる牛肉を指定牧場から一括で仕入れ，仕入価格の交渉をしやすくした。その後，工場を新設し，仕入れた牛肉は安全管理を徹底することにした。牛肉はハンバーグ用に加工後，店舗に輸送し，各店舗で調理する。この上質な牛肉は生でも食べることが可能といわれ，顧客から支持を得ている。(c)A社の戦略が成功へとつながったのである。

なお，当初の想定とは違うこともある。A社はファミリー層を想定していたため，ロードサイドにのみ出店していたが，(d)車を所有していない顧客からの需要が想定よりも多いため，現在は県内の市街地にも出店している。今後は県外への出店へと戦略の変更があるかもしれない。

問１．本文の主旨から，下線部(a)の説明として，次のなかから最も適切なものを一つ選びなさい。

ア．事業の概要，事業戦略，売上・収支予想，開業資金と資金計画を決定すること

イ．本社や店舗の立地と顧客行動の地理的範囲，対象顧客，製品やサービスの提供のタイミング，提供する製品やサービスの内容，提供する理由を決定すること

ウ．提供する製品やサービスの価値を高めるために，製品，流通，価格，販売促進の方法について決定すること

問２．下線部(b)のA社が決定したことを何というか，次のなかから正しいものを一つ選びなさい。

ア．経営目標　　イ．ギャップ　　ウ．現状の把握

問３．本文の主旨から，下線部(c)の内容として，次のなかから最も適切なものを一つ選びなさい。

ア．まずは出店地域を限定し，一定地域の市場シェアを拡大させることで高利益を実現し，その利益をもとに全国に展開することで，さらなる利益の拡大を図っている。

イ．まずは対象顧客を限定し，その顧客集団に人気がある商品のみを取り扱うことで高利益を実現し，その利益をもとにメニューを増やし，さらなる利益の拡大を図っている。

ウ．まずは扱う商品を集中させ，一括仕入れすることで高利益を実現し，その利益をもとに安全対策を講じ，顧客の信頼を得ることによってさらなる利益の拡大を図っている。

問４．本文の主旨から，下線部(d)をPDCAサイクルとしてとらえた場合，この活動を何というか，漢字で正しい用語を記入しなさい。

② 次の文章を読み，問いに答えなさい。

　ビジネスは社内体制や技術力などの内部環境だけでなく，自社でコントロールできない外部環境からも影響を受ける。それでは，ビジネスにおける外部環境の影響についてみてみよう。

　戦後の日本は産業の保護・育成のためにさまざまな規制を実施した。しかし，当時は有効に機能した規制であっても，社会の変化とともに，改正が検討されるものもある。たとえば，薬事法（2014年より薬機法に改称）は，薬品の品質，有効性，安全性を確保することなどにより，保健衛生の向上を図ることを目的としている。そこで以前は，薬剤師がいないと医薬品の販売ができないといった規制があった。しかし，2006年以降のこの法律がたびたび改正され，登録販売者がいれば，その効能と効果の人体に対する作用が著しくない一般用医薬品はコンビニエンスストアやドラッグストア，インターネットで販売することが可能になった。このように，一般用医薬品を手軽に購入したいという消費者のニーズに対応した(a)規制緩和が行われたのである。

　また，日本の人口問題といった外部環境の変化もビジネスに影響している。2022年時点では，65歳以上の高齢者である団塊世代の人口が多く，次に団塊ジュニア世代の人口が多い。また，2022年は出生数が初めて80万人割れとなった。今後，政府が何も対策を行わなければ，これまで以上に，(b)人口に占める高齢者の割合の増加と，出生率の低下による若年者人口の減少が同時に進行する状態が進むといわれている。この状態が続くと生産年齢人口の減少を招くことから，経済規模の縮小となるが，一方，介護サービスやリハビリサービスなどの新たなビジネスが生まれる機会になるとも考えられる。

　このように，ビジネスにおいては，自社でコントロールできない外部環境による影響を考慮する必要があるのである。

問１．本文の主旨から，下線部(a)の説明として，次のなかから最も適切なものを一つ選びなさい。

　ア．民間の自由な経済活動を促進し，経済の活性化を目的とするために，政府が関与し，民間の活動を阻害する要因を取り除くこと。

　イ．資本や労働力の国境を越えた移動を活発化させるために，貿易を通じた取引を増大させることで，世界における経済的な結びつきを深めること。

　ウ．地域がそれぞれの地域の経済や社会，文化などの動きを活発化させたり，地域の人々の意欲を向上させたりすることで，地域を維持発展させること。

問２．下線部(b)を何というか，漢字５文字で正しい用語を記入しなさい。

③ 次の文章を読み，問いに答えなさい。

　ビジネスを行うには経営資源が必要となる。最も重要な経営資源とは，自社の強みとして実現できる能力である。その能力により顧客に必要とされる製品やサービスを提供し続けることができる。具体的には，他社に模倣されない製品やサービスを提供できる能力と，(a)環境の変化に応じて既存の中核能力を新たな中核能力へと変えていく能力といえるだろう。この経営資源の重要性を明らかにする分析方法をＶＲＩＯ分析という。それでは，アパレルメーカーＡ社の経営資源を分析してみよう。

　アパレルメーカーであるＡ社は生産から販売までを自社ですべて行うＳＰＡである。このＳＰＡというビジネス・モデルがＡ社の経営資源となっている。ＳＰＡによって，低価格で質の高い衣類が提供されている。また，ほかのアパレルメーカーはパートナー企業との連携のもとで生産や物流を行っているが，生産から販売までを一社で管理しているため，状況に応じた増産や減産といった生産調整にも対応しやすい。これは，Ａ社のＳＰＡは資金力があるからこそ可能なビジネス・モデルである。ほかのアパレルメーカーがＳＰＡを構築することは，多くの資金や人材が必要であるため，難しいだろう。さらに，Ａ社の生産，販売拠点は日本だけでなく海外にまであり，それぞれの拠点において，従業員に対する適切な教育が行われている。

　このようにＶＲＩＯ分析によって，Ａ社がアパレル業界のトップにいる要因は，Ａ社の保有する経営資源によるところが大きいと判断できるのである。

問1．本文の主旨から，下線部(a)を何というか，次のなかから正しいものを一つ選びなさい。
　ア．ダイナミック・ケイパビリティ
　イ．コア・コンピタンス
　ウ．アニマル・スピリット

問2．本文の主旨から，Ａ社の経営資源の分析として，適切ではないものを一つ選びなさい。
　ア．ＳＰＡにより，状況に応じた生産調整が可能となり，低価格で質の高い衣類を提供できるので，顧客からその価値が高く評価され，他社との競争で優位となっている。
　イ．ＳＰＡというビジネス・モデルは，多くの資金や人材が必要で，その構築に時間もかかることから，希少性が高く，他社との競争力を常に拮抗させることができる。
　ウ．生産，販売拠点は日本だけでなく，海外にまであり，それぞれの拠点において従業員に対して適切な教育を実施しているので，持続的に競争優位を保つことができる。

④ 次の文章を読み，問いに答えなさい。

　事業が拡大すると従業員を雇用し，組織をつくる必要がある。組織を設計する際，各部門に対してどのようなタスクを割り振り，また，部門間の調整を円滑にするために垂直的な関係と水平的な関係をどのように構築するかによって，さまざまな(a)組織形態をとる。

　組織形態には，(b)経営者のすぐ下の部門が製造や販売などの職務ごとに編成される組織，製品や地域ごとにそれぞれが利益責任単位となり編成される組織，行と列という二つの方向から管理する組織の三つがある。ここでは，マトリックス組織の企業をみてみよう。

　A社は，洗剤，トイレタリーで国内１位，化粧品は２位の市場シェアを保持している，日本を代表する日用品メーカーである。2012年から2013年にかけてビューティーケアなどの事業を縦軸に，サプライチェーンや会計，ＩＴに関する事業を横軸として管理するマトリックス組織に再編した。この再編によりA社は，社内の生産，品質保証，生活者コミュニケーションセンターなど複数ある関連部門との緊密な連携を取りやすくする環境づくりを徹底するなど，(c)マトリックス組織の長所を活かした経営を行っている。

　マトリックス組織には，その運営において注意すべきことがある。(d)マトリックス組織では，二人の上司がいる組織であるため，部下はどちらに従えばよいか混乱することが多く，従業員のストレスは大きくなることが多い。経営者や管理者は組織を運営する際，その点に配慮する必要がある。

問１．下線部(a)の説明として，次のなかから最も適切なものを一つ選びなさい。

　ア．組織内部における部門の構成のこと

　イ．作業遂行する前から成立している作業の既存の構造を示したもの

　ウ．企業などにおいてどのように勤務しているかを示したもの

問２．下線部(b)のような組織を何というか，次のなかから正しいものを一つ選びなさい。

　ア．事業部制組織　　イ．機能別組織　　ウ．プロジェクト組織

問３．下線部(c)の内容として，次のなかから適切ではないものを一つ選びなさい。

　ア．異なる事業間でノウハウの共有が期待できる。

　イ．業務やチームの個々のメンバーに意思決定権が与えられているため，すばやい意思決定が可能となる。

　ウ．消費者の声を迅速に製品の設計に反映させることができる。

問４．下線部(d)を何というか，カタカナで正しい用語を記入しなさい。

5 次の文章を読み，問いに答えなさい。

　A社は，レコード針の世界市場において9割を占める企業である。1940年，サファイア，ルビーなどで時計の軸受け石をつくる会社として創業した。

　この宝石加工技術を応用して，蓄音機に使うためのレコード針の試作が始まった。A社のレコード針は，針の基板となる超硬合金と，針の先端となる人工ダイヤモンドを接着させる。超硬合金に，極小のダイヤモンドの粒を乗せ，銀ろうで固めて真空溶接炉で接合するが，このときの炉の温度調整など，独自の技術が必要である。こうして接着したダイヤモンドを，最後に人の手で削ってレコード針に仕上げる。職人が顕微鏡をのぞいて行う非常に細かい手作業だが，宝石の研磨技術がここに生かされている。このようにして1956年に，(a)宝石を削る技術を駆使した人工ダイヤモンド製のレコード針の製造を日本で初めて成功させ，ビジネスを拡大させた。

　A社のレコード針は，高音質なうえに価格も手ごろであり，レコードの普及とともに，売上は増加したが，1980年代後半に入ってCDが普及するとレコード盤の売上は急減し，レコード針の販売も急落した。会社でレコード針の生産に携わる社員も徐々に減っていき，一番少ないときで5人程度までになった。事業の継続は厳しかったが，当時の社長が，世界にレコードが何十億枚も残っていることから，時代遅れという理由だけでレコード針事業から撤退してはいけないという考えから，(b)事業撤退をしなかった。

　一方，生き残りを図るため，宝石，超硬合金，セラミックスなどの加工がしづらい素材の精密加工の分野に力を入れた。宝石加工やレコード針製造で培った研磨技術を活かし，(c)2000年代には，まだその市場シェアはほとんどなかったが，今後の市場拡大が見込まれるスマートフォンの駆動部品，パソコンなどのIC（集積回路）の検査針といった精密加工の分野に進出した。その後，この分野を会社全体の売上の約8割に達するまでに成長させている。

　また，近年，レコードの売上も増加している。それに伴って，レコード針の売上も増加している。この状況において，A社は(d)減少傾向にあった市場において，競合企業が撤退したあとに，生き残った少数の企業だけで得られる利益を得ることができている。

問1．下線部(a)のビジネスの拡大の説明として，次のなかから最も適切なものを一つ選びなさい。
　ア．顧客層を拡大させた新市場拡大
　イ．コア・コンピタンスを活用した関連型多角化
　ウ．これまでにできなかったことを新たにできるようにした新商品開発

問2．本文の主旨から，下線部(b)の理由として，次のなかから最も適切なものを一つ選びなさい。
　ア．顧客や取引先に迷惑をかけ，A社の社会的信用を喪失することになるから。
　イ．事業を担当してきた人々に対する責任問題が発生することになるから。
　ウ．取引先企業の社員のモラールの低下を引き起こすことになるから。

問3．下線部(c)の分野はPPM（プロダクト・ポートフォリオ・マネジメント）において，どのセルに該当するか，次のなかから正しいものを一つ選びなさい。
　ア．花形　　イ．金のなる木　　ウ．問題児　　エ．負け犬

問4．下線部(d)を何というか，漢字で正しい用語を記入しなさい。

6 次の文章を読み，それぞれの問いに答えなさい。

A社は，電子部品の製造，販売を主な事業としている企業である。A社の人材育成，人材開発は以下のように行われている。

A社は総合職として採用したすべての新入社員について，6か月間，工場での業務を経験させることを義務付けている。工場での業務を行うことは，社員が自社製品への理解を深めるとともに，自社の企業風土を肌で感じさせることに有効であると考えられている。6か月間の工場勤務を経た従業員には，2年に一度程度の短いペースで営業や開発，総務，財務などのさまざまな部署や，東京本社や大阪支社，各地の工場など，さまざまな勤務地への異動をくり返させる。この(a)短いペースでの異動を通して，適正配置が実現できると考えている。

それぞれの部署や勤務地では，配属後，1年を経過した社員が指導者となり，(b)現場での実際の職務を通して行われる訓練が行われる。この訓練は受ける側のみならず，指導する側にも職務を見直すきっかけとなることが期待されている。また，並行して，研修センターでの研修も定期的に行われる。この研修では，体系的な知識の伝達のほか，社内の人脈づくりが期待されている。

昇進に関しては，「(c)遅い昇進」というシステムで行っており，入社後10年までは昇進スピードに差を付けず，勤務年数に応じて同額の賃金が支払われることになっている。入社後10年を経過し，5か所以上での職務を経験した社員は，それぞれの適性に応じた勤務先への配置が行われるとともに，能力に応じた昇進が行われる。また，(d)社内公募制度を利用する権利も与えられる。

以上のような流れで中堅社員を育成したのちも，階層別研修をくり返し，管理職の育成を図っている。

問１．下線部(a)の理由として，次のなかから最も適切なものを一つ選びなさい。
ア．さまざまな職務を経験することで，社員が自分自身の適性や興味を理解するとともに，企業側も社員の特性を理解することができるため。
イ．それぞれの部署や勤務地による賃金や待遇の格差が存在するため，速いペースで異動させ，社員が不公平感を抱かずに職務を行えるようにするため。
ウ．一つの職務を長く経験することにより，職務がマンネリ化する懸念があるため，常に未熟な状態で職務を行うことで適正配置が実現できるため。

問２．下線部(b)を何というか，英字３文字で適切な用語を記入しなさい。

問３．下線部(c)の長所として，次のなかから最も適切なものを一つ選びなさい。
ア．社員に昇進への期待を持続させ，昇進へのモチベーションを維持することが可能となる。
イ．若手社員が昇進を目的に活発に競争するようになり，企業内の活力の向上が可能となる。
ウ．幹部候補者への集中的な教育や訓練を効率的に行うことが可能となる。

問４．下線部(d)の説明として，次のなかから最も適切なものを一つ選びなさい。
ア．社員が希望する部署を自由に選び，直接，その部署へ異動希望を提出できる制度
イ．それぞれの社員の希望よりも，人事部の評価を優先して異動を行う制度
ウ．それぞれの部署が必要とする人材を募集し，社員が自由に応募できる制度

7 次の文章を読み，問いに答えなさい。

　2022年にカタールで開催されたＦＩＦＡワールドカップでのサッカー日本代表チームの活躍は大きな話題となった。同時に監督の森保一氏のリーダーシップに賛辞が集まった。

　森保監督は，(a)今回の大会での目標をベスト8進出とし，そのほかの目的として「日本国民に笑顔を届ける」，「日本でのサッカーの地位を向上させる」など定めた。その実現のため，一次リーグでの強豪国との対戦に向けての戦略や戦術を立て，選手を率いるリーダーシップにより，歴史的な快挙といわれるような勝利をものにした。目標や目的を明確に定め，すべての選手と共有したことにより，有名選手を集めたにもかかわらず，選手間の(b)コンフリクトを感じさせることもなかった。明確な目標のもと，問題直視によるコンフリクトの解消が実現したのであろう。

　リーダーシップのあり方についても，厳しい統制のもとに選手に規律を守らせる支配型のリーダーシップを強めず，個々の責任と自覚に基づき，指導者と選手や選手どうしの関係を良好なものにしようとするリーダーシップを重視した。また，若手中心のメンバーのなかに，ベテラン選手を配置することで，(c)シェアド・リーダーシップを確立し，さまざまな場面でその効果を実現していた。

　今回のワールドカップでは，目標としていたベスト8進出は実現しなかったが，目的であった日本国民に笑顔を届けることやサッカーの地位向上は十分に実現することができた。そして，多くの人々が森保監督の姿からリーダーシップのあり方を学ぶことができた。

問1．本文の主旨から，下線部(a)はどのようなリーダーシップに分類できるか，次のなかから最も適切なものを一つ選びなさい。

　ア．目標とそれを達成するための方法を定め，部下にそれぞれの役割を示し，それらを実現させていくことで組織を導こうとするタスク志向のリーダーシップ。

　イ．上司と部下や部下どうしの人間関係を良好なものにすることで協調性のある組織を築き，組織を導こうとする人間関係志向のリーダーシップ。

　ウ．環境の変化や組織の危機に対応するために，組織の変化を効果的に実現させ，組織を導こうとする変革型リーダーシップ。

問2．下線部(b)の説明として，次のなかから適切なものを一つ選びなさい。

　ア．無視や無関心のこと　　イ．疲労やストレスのこと　　ウ．対立や軋轢のこと

問3．下線部(c)の説明として，次のなかから適切なものを一つ選びなさい。

　ア．人々を引き付けるカリスマ性によって，部下を支配するリーダーシップ

　イ．リーダーに求められる権限を，部下と分担するリーダーシップ

　ウ．部下を尊重し，奉仕的な精神で部下と接するリーダーシップ

8 次の文章を読み，問いに答えなさい。

　製造業の生産管理においては，品質の高い製品の量産化に成功することと，その製造原価をより低く抑えることが主な目的である。

　製造原価を具体的に把握し，管理するために，原価を材料費と労務費，　①　の三つの要素に分類して考える。そして，それぞれを(a)製造直接費と製造間接費に，または，固定費と変動費に分類するなどして，より正確かつ有益な原価計算を目指す。不良率を下げることが実現すれば，材料費は低くなり，労働生産性を高めることで生産に要する時間を短縮できれば，労務費を低く抑えることができる。

　不良率を下げることや，労働生産性を高めることによって製造原価をより低くしようという課題については，多くの試みが実践された。そのなかで特に有名なものが，(b)国内大手の自動車メーカーA社の創業者であるX氏が考案した，「必要なものを，必要なときに，必要なだけ生産する」という生産方式である。この生産方式は部品や半製品，仕掛品などが過剰になることや不足することにより各工程で生まれるムダを解消するために，工程間で「カンバン」と呼ばれる帳票によって情報をやり取りする方法であった。

　このX氏が考え出した生産方式は，企業内の生産管理だけにはとどまらず，(c)原材料の調達から製品の販売までの一連の流れのなかすべてでムダを省こうとする経営手法にまで発展した。そして現在も，製造原価を低く抑えるための取り組みは，大企業，中小企業を問わず，すべての製造現場で模索されている。

問1．文中の　①　にあてはまる用語として，次のなかから正しいものを一つ選びなさい。
　ア．販売費及び一般管理費　　イ．経費　　ウ．減価償却費

問2．下線部(a)の説明として，次のなかから正しいものを一つ選びなさい。
　ア．製造直接費は製品の製造に直接関わる費用であり，製造間接費は製品の製造ではなく，販売などにかかった費用である。
　イ．製造直接費は特定の製品の製造に関わる費用であり，製造間接費は複数の製品の製造に共通してかかった費用である。
　ウ．製造直接費は生産工程である工場が直接支払った費用であり，製造間接費は本社や営業所などが支払った費用である。

問3．下線部(b)を何というか，カタカナで正しい用語を記入しなさい。

問4．下線部(c)を何というか，次のなかから正しいものを一つ選びなさい。
　ア．サプライ・チェーン・マネジメント
　イ．オムニチャネル
　ウ．インダストリアル・エンジニアリング

9 次の文章を読み，問いに答えなさい。

　A社は運送業を営んでいる。規模は大きくないが，地元の工場が製造した製品を近県に配送する仕事を請け負い，常に安定した配送を行っている点で高い評価を得ている。また，A社の堅実な経営は財務面にも表れている。

　ある日，A社の財務について，税理士から，「とてもすばらしい財務状況であるのは確かであるが，もう少し効率的にすることを考えてもよいのではないか，特に，(a)流動比率が高すぎるので何らかの運用を考えてはどうか」という提案があった。そこで，資産運用について考えてみることにした。

　証券会社に相談したところ，株式や投資信託，(b)金融派生商品などの説明を受けた。それぞれのメリットやデメリットなどを総合的に判断した結果，証券会社から推奨された地元の企業のB社の株式を購入し，長期保有することとした。証券会社によると，B社は自己資本利益率（ROE）が高く，(c)キャピタルゲインのみならず，インカムゲインも見込めるということであった。加えて，地元の企業の株式を購入することで，地域社会に貢献できること，地域の発展が利益につながることなどが魅力であった。

　今回のB社への投資をきっかけに，今後は，余剰資金については積極的に地域企業へ投資をしていこうと考えている。

問1. 下線部(a)の説明として，次のなかから正しいものを一つ選びなさい。

　ア．流動負債に対する流動資産の割合のことで，短期の支払能力を評価するものである。

　イ．流動負債に対する当座資産の割合のことで，即時の支払能力を評価するものである。

　ウ．自己資本に対する固定資産の割合のことで，企業の安定性を評価するものである。

問2. 下線部(b)にはどのようなものが含まれるか，次のなかから正しいものを一つ選びなさい。

　ア．ヘッジファンド，REIT

　イ．ワラント債，転換社債

　ウ．先物取引，オプション取引，スワップ取引

問3. 下線部(c)は具体的にはどのようなことか，次のなかから適切なものを一つ選びなさい。

　ア．値上がりした株式を売却して得られる利益だけではなく，配当金による利益を期待することができる。

　イ．値上がりした株式を売却して得られる利益だけではなく，株主として経営に参加することができる。

　ウ．値上がりした株式を売却して得られる利益だけではなく，節税による利益を期待することができる。

10 次の文章を読み，問いに答えなさい。

A時計店は創業80年を超える老舗である。国内の大手時計メーカーの代理店として，腕時計の販売を中心に，長く地元で信頼を集めてきた。近年は海外の有名ブランドの時計の取り扱いも始めた。時計の修理などを行う技術力の高い職人も在籍しており，製品や人材などの経営資源には自信を持っている。しかし，外部環境の急激な変化もあり，新規事業の必要性も感じている。そこで，腕時計について，外部環境を整理してみることにした。

まず，(a)マクロ環境要因について，政治，経済，社会，技術の四つの側面から分析する手法で分析を試みた。社会的要因として「腕時計の役割の変化」と「腕時計を所有しないライフスタイル」という点，技術的要因として「技術革新により，腕時計にさまざまな機能が追加される」という点などが機会と脅威として考えられた。

続いて，ファイブ・フォーシズ分析に取り組んだ。結果は以下のとおりである。

対抗度（競合企業）	地元には同様の小売店舗が3店舗存在する。競争は緩やかである。
（ ① ）の脅威	特約店制度や技術力の高い職人の確保などから高い参入障壁がある。
（ ② ）の交渉力	円安により輸入品の価格が上昇する傾向にある。自社の交渉力は弱い。
（ ③ ）の交渉力	人口が減少傾向にある。自社の交渉力は弱い。
代替品の可能性	（ ④ ）

A社はこれらの結果から，業界全体は厳しい状況にあるが，競争の度合いは高くなく，利益ポテンシャルは十分に高いと判断できると考えた。今後も，既存の腕時計の販売を中心としたビジネスを継続する予定である。

問1．下線部(a)を何というか，英字4文字を補って用語を完成させなさい。

問2．表中の （ ① ）（ ② ）（ ③ ）に入る用語の組み合わせとして，次のなかから正しいものを一つ選びなさい。

ア．①新規参入　　②売り手　　③買い手
イ．①代替品　　②買い手　　③売り手
ウ．①売り手　　②買い手　　③顧客

問3．表中の （ ④ ）に入る文章として，次のなかから適切なものを一つ選びなさい。

ア．所有せず，シェアするライフスタイルが定着する。
イ．スマートフォンのほか，ウェアラブル端末の台頭が予想される。
ウ．高齢化により，還暦や喜寿などの贈答品としての腕時計の需要が増加する。

11 次の文章を読み，問いに答えなさい。

　　Aさんはフレンチレストランを経営している。レストランはとても繁盛しており，常に予約で満席の状態である。そんななか，地元の駅前の商業ビルにテナントとして新しい店舗を開かないかというオファーがあった。金融機関からの支援も受けられるということから，開店を決定した。Aさんは，新しい店舗でも既存の店舗と同じ味やサービスを提供するため，スタッフの育成が重要であると考えた。

　　現在，Aさんのレストランは，厨房で料理を担当するスタッフが6人，ホールで給仕を担当するスタッフが4人いる。ベテランの料理長と給仕長がほかのスタッフを指導する形で最高の料理とサービスを実現してきた。特に文章化されたレシピやマニュアルといったものは存在せず，経験によって得られた(a)知識やノウハウで仕事をしている状態であった。Aさんはこの知識やノウハウが重要な経営資源であると考え，新しい店舗でも既存の店舗で提供しているものと同様の料理とサービスを提供するためには，この知識を共有することが必要不可欠であると考えた。

　　まず，文章や数字で具体的に表現できる知識について，マニュアルとしてまとめた。しかし，当初考えていた通り，料理やサービスには経験に基づく勘やコツにたよっている知識が多く，その知識をどのように共有するかが大きな問題であった。そこで，(b)勘やコツにたよっている部分を細かく観察することにより，言葉や数字で表現することに努めた。言葉や数字で表現されたものをスタッフで共有し，より正確に分かりやすくする作業をくり返した。このような作業の過程で，(c)スタッフがそれぞれ異なる知識を持っていることに気付き，それぞれの知識を交換することで新たなより高度なサービスが実現するという良い結果も生じた。

　　今後，新店舗の開業に向けて，新しいスタッフを雇用することになる。(d)新しいスタッフにレストランの高度な知識やノウハウを伝達するために，Aさんはマニュアル作りを継続していく予定である。

問1．下線部(a)はどの経営資源に分類されるか，次のなかから正しいものを一つ選びなさい。
　　ア．人的資源　　　イ．物的資源　　　ウ．財務的資源　　　エ．情報的資源

問2．下線部(b)の説明として，次のなかから最も適切なものを一つ選びなさい。
　　ア．知識を形式知と暗黙知に区分するための作業である。
　　イ．暗黙知を形式知に変換するための作業である。
　　ウ．形式知を高度化し暗黙知にするための作業である。

問3．下線部(c)と(d)の説明として，次のなかから正しいものを一つ選びなさい。
　　ア．(c)は知識の創造を行っている段階であり，(d)は知識の移転を行っている段階である。
　　イ．(c)は知識の共有を行っている段階であり，(d)は知識の創造を行っている段階である。
　　ウ．(c)は知識の移転を行っている段階であり，(d)は知識の共有を行っている段階である。

12　次の文章を読み，問いに答えなさい。

　　ビジネスは，利益の獲得を目的に営む事業活動のことであるが，目先の売上や利益の獲得ばかりに目を向けてしまうと，ときとして取り返しのつかないような事態に陥ることがある。

　　これまでも，食品会社が，外国産原材料を「国産」と表示したり，消費期限の切れた商品のラベルを貼り替えて再度出荷するといった消費者をあざむくような行為を行って問題になったり，自動車会社による性能試験の不正やデータ改ざん，家電メーカーによる資格を保持していない従業員による作業など，大手企業においても(a)法令や規則，社会通念などを遵守するということとは真逆の姿がしばしばみられた。

　　このような企業の不適切な姿勢については，消費者や取引先といった関係者からの指摘はもちろん，(b)自社内の相談窓口に従業員自身が相談することで，発覚することもある。また，(c)匿名によってマスコミなどの外部機関に情報を提供する場合もあり，現在は，これらの従業員が不当な扱いを受けないための法律も整備されている。

　　一旦，このような不適切な姿勢や事態が明るみに出ると，消費者による不買や他社商品への乗り換えが起こることはもちろん，(d)行政処分が下されることもある。そうなると本来の目的であった売上や利益の獲得どころか，損失を防ぐために苦労したり，多くの利害関係者に迷惑をかけたりするなど，本末転倒の結果を招くことになる。

　　そのため企業には，法律を遵守することはもちろん，このような事態を防ぐために(e)株主などによって企業を牽制する仕組みづくりが求められている。

問１．下線部(a)を一般的に何というか，カタカナ８文字で正しい用語を記入しなさい。

問２．下線部(b)と下線部(c)を何というか，次のなかから正しい組み合わせを一つ選びなさい。
　　ア．(b)内部告発・(c)外部通報
　　イ．(b)内部告発・(c)内部通報
　　ウ．(b)内部通報・(c)内部告発

問３．下線部(d)の説明として，次のなかから適切なものを一つ選びなさい。
　　ア．助言や指導，勧告などであり，強制力はない。
　　イ．営業停止や免許のはく奪などであり，強制力がある。
　　ウ．監督官庁の監督責任を問うことであり，強制力がある。

問４．下線部(e)に関する説明として，次のなかから適切なものを一つ選びなさい。
　　ア．行動規範　　イ．所有と経営の分離　　ウ．企業統治

13 次の文章を読み，問いに答えなさい。

　企業活動は私たちの生活におけるあらゆる場面を支えているものであり，企業活動が止まってしまうことで生じる影響の大きさは計り知れない。

　2005年に内閣府はガイドラインを公表し，企業に(a)BCPの策定を強く推奨してきた。その後，東日本大震災や各地で多発する自然災害などの影響により，各社においてBCPの策定が進んでいる。

　ホテル事業を運営するA社では，BCPの策定にあたり，ホテル事業という特性を踏まえ，どんなときにも，まずはお客の安全確保を第一とすることを定めている。そして，事故，地震，台風，テロなど想定し得るいくつかの項目に分け，具体的な対処方法や指令系統などを決めることで，不測の事態が起きても，速やかに事業を復旧させ，損害が最小限に留まるような計画を作成している。また，BCP策定後は，(b)マネージャー研修や新入社員研修などあらゆる場面において，従業員に対してくり返しBCPの意識付けを行っている。

　これまでにも各社において同様の取り組みは行われているが，近年は，災害などによって自社が直接影響を受けることだけでなく，通信障害が生じて多くの事業が停滞するといった二次的な影響やサイバー攻撃への対策なども重要視されている。

　どのような理由であってもひとたび事業が停止する事態となれば，企業にとっては損失がふくらむ一方である。そのため，早い段階であらゆるリスクを洗い出し，(c)損失を回避もしくは低減させるような取り組みを組織的に行っていくことが必要である。

問1．下線部(a)を何というか，次のなかから正しいものを一つ選びなさい。
　ア．防災事業計画　　イ．事業継続計画　　ウ．事業統合計画

問2．下線部(b)のような取り組みを行うのはなぜか，次のなかから適切なものを一つ選びなさい。
　ア．BCPの内容は防災避難訓練と同じであり，職場で学んだことがそのまま私生活にも活かすことができ，災害発生時に地域の被害を減少させることにつながるから。
　イ．BCPは経営者ではなく，従業員が行うべき内容が規定されているものであり，従業員研修において，理解させる必要があるから。
　ウ．緊急時は想定外の出来事が起き，現場が混乱することも予想されるため，従業員がBCPに沿った的確な行動がとれるよう，内容や手順などをきちんと理解させておきたいから。

問3．下線部(c)を何というか，カタカナで正しい用語を記入しなさい。

14 次の文章を読み，問いに答えなさい。

　会社員のＡさんは，オークションサイトやフリーマーケットアプリを使用して，仲間と中古品販売の副業を行っていたが，安定した取引が可能となったため，一念発起して，起業することを決意し，近所の司法書士事務所へ相談に行った。

　司法書士から個人事業主としての起業と会社設立による起業の説明があったが，会社法改正以後，株式会社の設立が以前より簡単になった点と税務上の優遇策などを考慮し，株式会社を設立することとした。そこで，まずは株式会社を設立するため，司法書士の指導を受けながら(a)定款を作成し，公証人による認証と，資本金の払い込みを行い，(b)法務局で設立のための手続きを行った。その後，税務署での手続きや，古物商許可申請など各種手続きを進め，晴れて株式会社を設立することができた。

　会社設立後，今後の具体的なビジネスプランをまとめた事業計画書を作成し，地元で起業支援に力を入れる銀行へ融資の相談に行くことになった。担当する融資課長から，「持続可能な社会を目指していくうえで，御社のビジネスは成長性が十分見込める。ビジネスがある程度軌道に乗ったら，次は(c)この地域の発展につながるようなビジネスも考えていってほしい。」という話があり，数日後，開業資金の(d)融資を受けることができた。これですべての準備が整い，事業を開始することが可能となった。

問１．下線部(a)の説明として，次のなかから最も適切なものを一つ選びなさい。
　ア．初任給の金額や福利厚生制度，勤務形態や残業の有無などを記載したもの。
　イ．商号や事業内容，発行可能株式総数，本店の所在地などを記載したもの。
　ウ．出勤時間や有給休暇の申請方法，制服規定やハラスメントへの対応などを記載したもの。

問２．下線部(b)の手続きを何というか，次のなかから正しいものを一つ選びなさい。
　ア．募集設立　　イ．設立登記　　ウ．定款認証

問３．下線部(c)のような期待がなされている理由は何か，次のなかから適切ではないものを一つ選びなさい。
　ア．起業の定義は，「地域の産業を振興するためのビジネスを起こすこと」であり，地域の発展に貢献することが義務とされているから。
　イ．ビジネスの役割は，社会的な課題を解決することであり，地域の発展という課題解決に貢献することもビジネスの役割と考えられているから。
　ウ．企業は企業市民とも呼ばれ，地域社会における一市民であり，地域の発展を支えるために尽力してほしいと思われているから。

問４．下線部(d)のような取引を行う銀行のなかで最も中心的となる銀行のことを何というか，カタカナ6文字で正しい用語を記入しなさい。

15 次の文章を読み，問いに答えなさい。

　株式会社Ａ社は2009年創業の子育て支援に特化したソーシャルニーズマッチング事業会社である。Ｘ社長は，大学卒業後，数回の転職を経て，インターネット業界でビジネス・モデルの発案や，広報やＩＲを担当した。リーマンショックを契機とした人員削減に伴い，退職後に通った職業訓練校で，働きたくても働けない女性が多くいることを知った。そこで，Ｘ社長は育児も仕事もやりたいことも叶えられる社会へと変化させることを目指して，地域で子育てについてたよれる仕組みをつくるため，株式会社Ａ社を創業した。

　Ｘ社長は，社外の活動のなかで，街頭の1,000人にアンケートを実施することがあった。そこで，子育てで誰かにたよりたいが，誰をたよったらいいのかわからないという子育て中の母親のニーズがあることを発見した。そこで，(a)子育て中の母親をＡ社の顧客となるように設定した。その後，子育て支援業を支援したい人を見える化するために「ママサポーター制度」を開始した。従来，「ママサポーター」にお願いする際には，依頼したい親が「ママサポーター」に電話やメールで直接連絡をしていたが，オンラインで気がねなく，安心して頼れるシステムを活用すれば，利用ももっとひろがると考え，独自システムを開発した。このようにして，Ａ社の(b)子育てをたよりたい人と子育てを支援したい人をマッチングさせるビジネス・モデルが完成したのである。

　(c)Ａ社のように，現在の社会的課題の解決を目指すことは新しいビジネスを生み出す機会となるのである。

問１．本文の主旨から，下線部(a)のような顧客を何というか，カタカナ５文字を補って正しい用語を完成させなさい。

問２．下線部(b)のようなビジネス・モデルを何というか，次のなかから正しいものを一つ選びなさい。
　ア．プラットフォームモデル　　イ．ライセンスモデル　　ウ．広告モデル

問３．本文の主旨から，下線部(c)の社会的課題の解決とはどのようなものか，次のなかから最も適切なものを一つ選びなさい。
　ア．子どもの人数が少なくなり，一人当たりの子どもにかけられる金額がこれまでより増加していることに対して，商品を充実させること。
　イ．生産年齢人口の減少による労働力を確保したり，男女共同参画社会の形成に向けた女性の活躍を推進したりすること。
　ウ．定年後も継続して働くことを希望するバイタリティーがある高齢者の増加について把握すること。

第4回
商業経済検定模擬試験問題
［ビジネス・マネジメント］

解答上の注意

1．この問題のページはp.70からp.84までです。

2．解答はすべて別紙解答用紙（p.91）に記入しなさい。

3．文字または数字で記入するもの以外はすべて記号で答えなさい。

4．計算用具などの持ち込みはできません。

5．制限時間は50分です。

1 次の文章を読み，問いに答えなさい。

　新たな事業創造は二つの段階に分かれる。その第一段階は(a)事業機会の発見であり，第二段階は競争力の向上を通じた競争優位の確立である。

　競争力とは，競争に勝つための能力である。独自の技術力は競争力の源泉になり得る。例として，大阪にある社員数90名程の工業用ナットのメーカーであるA社をみてみよう。新幹線には，16両編成で約2万本ものボルトが使われている。新幹線は走行中，車体が激しく振動するが，この振動でボルトを締めるナットが外れたら大惨事を招くことになる。そのため，新幹線のナットは絶対にゆるんではならない。A社が製造するナットは，原材料である鉄や真鍮などを，「クサビ」による一体化技術で，まるで溶接したようにボルトと一体化させるため，どのような振動や衝撃があってもゆるまない。このように(b)A社には他社にはない独自性の高い能力がある。また，この「クサビ」による一体化技術はA社の技術力の高さによるものであり，(c)他社から類似商品がつくられる見込みは低い。これが競争力の源泉となっており，日本をはじめ世界各地の鉄道でこのナットが採用されている。

問1．下線部(a)の説明として，次のなかから最も適切なものを一つ選びなさい。
　　ア．自社が提供する製品やサービスを必要とする顧客が社会に存在する可能性のこと
　　イ．ある選択を行うことで失った（選択しなかった）ものの価値のこと
　　ウ．日々生活で生じているものの，いまだに解決に至っていない問題全般のこと

問2．本文の主旨から，下線部(b)のA社の能力として，次のなかから最も適切なものを一つ選びなさい。
　　ア．より少ない原材料で，より多くのものを生み出せる能力のこと
　　イ．ヒト・モノ・カネといった経営資源を，適切に管理する能力のこと
　　ウ．技術力に基づいた，原材料を製品やサービスに変換する能力のこと

問3．下線部(c)を何というか，正しい用語を記入しなさい。

2　次の文章を読み，問いに答えなさい。

　イノベーションは，技術革新と訳されていることが多く，新技術を使った製品やサービスを連想する人が多いかもしれない。しかし，イノベーションを定義した経済学者のシュンペーターは，イノベーションとは，(a)これまで組み合わせたことのない要素を組み合わせることによって新たな価値を創造することとしている。つまり，イノベーションが技術革新だけでなく，既存の労働や資本，生産手段がそれまでの使われ方と異なる組み合わせでもあることを示している。これをふまえ，イノベーションや社会貢献活動を行っているA社についてみてみよう。

　X氏はちゃんぽんチェーン店A社の創業者である。A社は2009年度には過去最大の赤字を計上するなど，危機的状況に陥っていた。この原因は，集客のために価格競争を行い，結果として商品力の低下を招いたことであった。2004年に社長を退いていたX氏は，2009年に再び社長となり，経営を再建する。再建策として，ちゃんぽんに使う7種類の野菜をすべて国産に切り替えた。そのため，たとえばキャベツであれば，(b)北海道から鹿児島まで全国のキャベツ農家と契約し，一部の地域が自然災害などに見舞われても，変わらぬ価格と品質のキャベツを安定供給できる体制を整えた。A社の国産野菜を使った戦略が顧客から支持され，商品の価格が上昇したにもかかわらず，業績はV字回復した。この国産野菜を導入するというアイディアはX氏の想いから起因している。X氏は，日本の食料自給率改善のために外食産業が果たすべき役割は非常に大きく，国産材料に切り替えてビジネスとして成功事例をつくってやらなければならないという想いがあった。X氏がこのような新しいアイディアで社会に変革を起こした人物であったことがA社の業績を回復させたのである。

　また，A社は地震や豪雨の際に，被災地への支援として，ちゃんぽんの炊き出しを行っている。このようにA社が(c)CSRを果たしていることも顧客からの支持を集めた一因といえるだろう。

問1．下線部(a)を何というか，漢字で正しい用語を記入しなさい。

問2．下線部(b)のイノベーションを何というか，次のなかから最も適切なものを一つ選びなさい。
　ア．マーケット・イノベーション
　イ．プロセス・イノベーション
　ウ．サプライ・チェーン・イノベーション

問3．下線部(c)はどのような考え方によるものか，次のなかから最も適切なものを一つ選びなさい。
　ア．環境問題・社会問題・経済問題に関わる自社のリスクに配慮することで，事業の持続可能性を図る経営手法のこと。
　イ．企業が組織活動を行うにあたって，従業員や消費者，投資家，環境などへの配慮から社会貢献までの幅広い内容に対して適切な意思決定を行う責任のこと。
　ウ．企業が，法律や条例といった法，就業規則などの企業規範，モラルや道徳といった社会規範を守ること。

③ 次の文章を読み，問いに答えなさい。

ＰＥＳＴ分析とは，(a)ビジネスを取り巻く外部環境に注目し，長期的なビジネスの存続可能性と成長可能性に影響を与える要因を分析する手法である。それでは，ゲームコンテンツ市場を対象としたＰＥＳＴ分析についてみてみよう。

統計（「ファミ通ゲーム白書2022」）によると，日本国内のゲームコンテンツ市場は，2020年は巣ごもり需要などで2019年から２割近く伸びている。2021年には微減となったが，2020年に引き続き２兆円規模を維持しており，ほぼ横ばいの状態とみられる。

全体の市場規模はほぼ横ばいであるが，家庭用ソフトの減少が目立っている。コロナ禍による世界的な半導体不足が要因の一つとみられる。2020年11月にはＡ社の新型ゲーム機が発売されたため，ハード，ソフトともに伸びが期待されたが，世界的な半導体不足が家庭用ゲーム機の供給にも影響し，需要に追いつかなかったため，家庭用ソフトも伸び悩んだと推測される。また，香川県議会がインターネットとコンピュータゲームの利用時間を規制する条例を制定するなど，ゲーム利用時間を制限しようという動きも影響していると考えられる。このような状況のなかでも国内ゲームコンテンツ市場を拡大させるためには，かつて，位置情報とＡＲ（拡張現実）技術によって新たな体験を実現したゲームがブームとなったような市場の活性化が必要であろう。

ＰＥＳＴ分析では，上記のようなさまざまな要因を，政治的要因，経済的要因，(b)社会的要因，技術的要因に分類する。そして，この四つの観点から市場環境を分析している。この(c)ＰＥＳＴ分析で得られた結果をＳＷＯＴ分析の観点につなげていくことも有効である。

問１．下線部(a)を何というか，正しい用語を完成させなさい。

問２．本文の主旨から，ゲームコンテンツ市場における下線部(b)の要因として，次のなかから最も適切なものを一つ選びなさい。
　ア．位置情報とＡＲ（拡張現実）の利用
　イ．香川県が定めたインターネットとコンピュータゲームの利用時間を規制する条例
　ウ．新型コロナウイルス感染症の流行による巣ごもり需要

問３．本文の主旨から，下線部(c)の観点として，次のなかから最も適切なものを一つ選びなさい。
　ア．機会と脅威　　イ．強みと弱み　　ウ．売り手と買い手

4 次の文章を読み，問いに答えなさい。

A社は1946年創業のテレビやカメラなどのエレクトロニクス事業を主力とする企業である。

1996年には，Xというパソコンブランドを立ち上げた。洗練されたデザインに特徴があったXはA社を代表する看板商品に成長した。当時のA社は台数を多く販売し，市場シェアを獲得・拡大させる戦略を採用していたが，(a)市場の拡大に伴い，海外メーカーとの価格競争が激化し，A社のパソコン事業は巨額の赤字に陥った。さらに，スマートフォンやタブレットが登場してからは，スマートフォンやタブレットの市場の拡大が続き，逆にパソコン市場そのものが縮小していった。

このような状況のなかで，A社は事業ポートフォリオの構築において，今後，(b)どのような事業に進出し，どの程度経営資源を動員するかを検討した。その結果，2014年，A社はパソコン事業からは撤退し，(c)スマートフォン・タブレット事業に進出することを決定した。

A社のパソコン事業のように企業の中核を担わない事業と判断された場合，(d)行っている業務をすべて中止し，事業を解散させるか，他企業へ売却することにより企業から切り離されるかなど，対処が検討されることになる。

A社のパソコン事業は，A社から切り離された後，B社という新会社が設立された。デザイン性の高いモデルなど，高付加価値モデルに集中するという新たな方針のもと，B社は成長を続けている。

問1．下線部(a)の要因として，次のなかから最も適切なものを一つ選びなさい。
　ア．市場投入時には多くの顧客をターゲットとしていたが，市場が活性化した結果，パソコンにくわしい顧客のみをターゲットとした商品となっていったため。
　イ．市場投入時には高付加価値の商品と認識されていたが，市場が活性化した結果，他社が参入しユーザーにとって機能や品質などで差がなくなってしまったため。
　ウ．市場投入時には製造に必要な原材料費や人件費といったコストが低かったが，市場が活性化した結果，コストが上昇してしまったため。

問2．下線部(b)を何というか，正しい用語を完成させなさい。

問3．本文の主旨から，下線部(c)を決定した基準は何か，次のなかから最も適切なものを一つ選びなさい。
　ア．スマートフォン，タブレット市場の成長性
　イ．パソコン事業で得られた経営資源の蓄積による自社の競争力
　ウ．テレビやカメラなどのエレクトロニクス事業との波及効果

問4．下線部(d)を何というか，次のなかから正しいものを一つ選びなさい。
　ア．MBO　　イ．清算　　ウ．M&A

5 次の文章を読み，問いに答えなさい。

　組織において経営者が行うべき業務に調整がある。調整とは，各組織成員が取るべき行動を事前に決めたり，組織成員どうしで問題が生じたときに管理者が介入したりすることである。調整の種類の一つに垂直的調整がある。この垂直的調整についてみてみよう。

　管理者は一定の人数を指揮，監督している。この(a)管理者が指揮・監督できる人数が多い組織は，必要な管理者の人数が少なくなり，階層も少なくなる。右図の組織は末端の組織成員が6人であるため，管理者（　①　）人が指揮・監督している人数の最大は（　②　）人となる。

　(b)管理者は，部下に命令を出し，部下を評価する権限を持つ。それと同時に，部門における成果に対する責任も負うことになる。この権限と責任の一致は，階層制を構築するうえで重要な原理の一つである。

問1．下線部(a)を何というか，漢字を補って正しい用語を完成させなさい。

問2．本文の（　①　）と（　②　）に入る適切な数字の組み合わせはどれか，次のなかから最も適切なものを一つ選びなさい。
　ア．①5　②2
　イ．①1　②10
　ウ．①3　②8

問3．下線部(b)の理由は何か，次のなかから最も適切なものを一つ選びなさい。
　ア．権限に対して責任が軽ければ，管理者が無責任な提案をするかもしれないから。
　イ．権限に対して責任が重ければ，組織成員は無責任な仕事をするかもしれないから。
　ウ．権限に対して責任が軽ければ，管理者は不満をつのらせることになるから。

6 次の文章を読み，問いに答えなさい。

　ビジネスだけでなく，学業やスポーツにおいても，活動に対する意欲の高さが成果に大きな影響を与える。ある活動に対する意欲が喚起されている心理的状態をモチベーションという。私たちがある活動に対して動機付けられるのは，生存欲求，(a)関係欲求，成長欲求があるからである。人々を動機付ける要因は多様であるため，リーダーが部下の意欲を高める方法にもさまざまな考え方がある。リーダーが部下の意欲を高める方法の一つとして，目標設定理論がある。これは，目標を設定することでモチベーションを高めることができるという考え方である。

　メジャーリーグで活躍している大谷翔平選手は下図のマンダラートを活用した。マンダラートとは，正方形のマス目のなかに目標やテーマを書き込んでアイディアや思考を発展させていく思考ツールである。高校時代の野球部の監督が各選手の行動目的を明確にするために取り入れたという。

　(b)目標設定理論において，適切な目標設定には条件がある。大谷選手はマンダラートを使って，高校時代に8球団からドラフトで1位指名を受けるという目標を設定した。マンダラートを作成することで，目標達成に必要な事項を詳細に検討することができたため，大谷選手は高校での目標が明確になり，目標を達成するためのプロセスが具体化されるとともに，自分の考えの整理ができたのであろう。なお，(c)マンダラートを作成するだけでなく，その後の行動が適切であることも重要だといえる。

問1．下線部(a)の例として，次のなかから最も適切なものを一つ選びなさい。
　ア．病気で苦しむ人たちを助けるために，医師になりたい。
　イ．サッカーをやった後は，のどが渇くので，スポーツドリンクを飲みたい。
　ウ．定期テストでよい点を取って，周囲の大人たちに評価されたい。

問2．下線部(b)とは何か，次のなかから適切ではないものを一つ選びなさい。
　ア．主に自分をよく見ている周囲の人間が考えたものを目標として設定した。
　イ．「ベストを尽くせ」などあいまいなものは避け，目標は具体的で明確なものを設定した。
　ウ．簡単すぎたり難しすぎたりしない，達成可能な程度に困難な目標を設定した。

問3．下線部(c)の内容として，次のなかから最も適切なものを一つ選びなさい。
　ア．各目標の達成度合いを定期的に評価する作業を行う。
　イ．すべての目標を実行するのではなく，達成可能な目標に絞り実行する。
　ウ．周りの人が目標達成状況を評価し，今後の活動内容を決定する。

7 次の文章を読み，問いに答えなさい。

　　ネジを製造する中小企業であるＡ社は，大正時代に創業したいわゆる長寿企業である。Ａ社は中小企業ではあるが，ネジの品質に絶対の自信があり，顧客のどのような要望にも応えられることが自慢である。Ａ社が誇る事業の基盤は以下のとおりである。

　　Ａ社の第一の自慢は，長い企業の歴史のなかで，かつて製造したぼう大な種類のネジの設計書を保有していることである。(a)設計書によって蓄積されたノウハウがあるため，難しいネジの依頼があっても，すばやく対応することが可能である。

　　豊富なノウハウがあっても，それを実現する人材がいなければ意味がない。Ａ社は地元の工業高校から新入社員を採用し，丁寧に育てあげ，一流の職人にまで成長させている。そして，従業員全員が仕事に誇りを持てるように，多くのやりがいと十分な報酬を提供している。

　　そして，Ａ社は長く堅実な経営を続けてきたため，高い自己資本比率を実現している。健全な財政状態から，銀行からも大企業並みの条件で融資を受けることが可能である。このようなことから，工場内には最新の機械や設備を導入している。そして，そのほかの(b)物的資源も品質の高い製品を生み出す源となっている。

　　これらの(c)ノウハウや人材，資金，設備などがあるため，Ａ社は他社に真似できない品質のネジを提供することが可能なのである。Ａ社の成長は今後も続いていくであろう。

問１．下線部(a)は何にあてはまるか，次のなかから正しいものを一つ選びなさい。
　　ア．人的資源
　　イ．物的資源
　　ウ．財務的資源
　　エ．情報的資源

問２．下線部(b)の説明として，次のなかから適切なものを一つ選びなさい。
　　ア．コンピュータやタブレット型端末，プリンタなどの情報機器は情報的資源と考え，物的資源は含まない。
　　イ．土地や倉庫のように生産に直接的に関係しない固定資産は企業の財務的資源として考え，物的資源は含まない。
　　ウ．機械や設備，実際に販売される完成品のほか，原材料や部品，仕掛品や半製品なども物的資源ということができる。

問３．下線部(c)のような事業活動の基盤となるものを何というか，漢字４文字で正しい用語を記入しなさい。

8 次の文章を読み，それぞれの問いに答えなさい。

A社は社員の働き方の見直しに着手することになった。最も大きな取り組みは，社員が在宅で勤務するリモートワークを可能な限り認めることである。これにより，多くの職員が抱えていた長時間通勤の問題や，家事や育児，介護などにより勤務時間が制限される問題を解消しようと考えている。

A社は，(a)労働条件について定めた法律に基づき，1日8時間，1週間40時間の勤務を標準の労働時間と定め，始業時刻を8時とし，12時から13時までの休憩をはさみ，終業時刻を17時と設定していた。それを超えて勤務した労働時間を時間外労働とし，基本給とは別に，手当てを支払うことと定めていた。このことについては(b)36協定をすでに締結している。今回，リモートワークの導入に合わせて，この労働時間についても見直すことにした。(c)1か月間で160時間の労働を基本とし，始業時刻や終業時刻，休憩時間を自由に設定できることとし，土日や祝日に勤務することや，平日に勤務をしないことも可能な制度を導入した。

A社において，リモートワークの導入によって危惧されることは，社員のコミュニケーションが不足することである。コミュニケーション不足は業務に支障をきたすのみならず，孤独感や仕事に対する過度な不安から，社員の(d)メンタルヘルスが害されることもある。A社は，定期的に数名の社員を指定し，業務に関係しない会話をリモートで行う時間を設定し，コミュニケーション不足を解消しようと試みる予定である。

A社はこれらの取り組みが成功し，生産性が上がることを期待している。また，柔軟な働き方ができる魅力的な企業であるという認識が広まり，有能な人材がより多く集まることを期待している。

問1．本文の主旨から，下線部(a)の法律名を漢字5文字で記入しなさい。

問2．下線部(b)の説明として，次のなかから適切なものを一つ選びなさい。
　ア．従業員が団結して企業と交渉する権利を，企業と従業員が取り決めた協定
　イ．労働時間を週36時間以内にすることを目的とし，行政が企業に対して定めた協定
　ウ．企業と労働組合などが締結する，時間外労働についての労使協定

問3．下線部(c)を何というか，次のなかから最も適切なものを一つ選びなさい。
　ア．みなし労働時間制　　　イ．フレックスタイム制　　　ウ．変形労働時間制

問4．下線部(d)の説明として，次のなかから適切なものを一つ選びなさい。
　ア．精神的な健康状態のこと
　イ．肉体的な健康状態のこと
　ウ．企業が健全な経営を行っていること

⑨ 次の文章を読み，問いに答えなさい。

　生産性を高めることは企業にとって大きな課題である。生産性を向上させる体系的な試みは，20世紀初頭のアメリカにおいて始まった。

　当時のアメリカの生産工程の現場では，作業が労働者個人の技量に任されていたことや組織的怠業という問題などから生産性が向上せず，多くの経営者が頭を悩ませていた。その問題に対して，(a)アメリカの技術者が革新的な解決策を提示した。その方法は次のようなものであった。まず，(b)作業効率の良い労働者を選び，その労働者の作業の動作を分析し，作業に要する時間を測定する。それをもとに導かれた標準的な作業手続きを労働者に示し，それが実現した労働者にはインセンティブを提供するというものである。この方法は大きな成果をあげ，世界中にひろがることになった。この方法は，ＩＥ（インダストリアル・エンジニアリング）として体系化され，現代でも引き継がれている。

　また，各生産工程での生産性の向上と同様に，生産工程全体の最適化も重要な課題である。生産工程のなかで(c)ボトルネックとなっている工程を発見し，その生産工程の生産能力を高めることや，そのほかの生産工程を調整することで，生産工程全体の最適化を図ることが行われている。

　このような生産性を向上させるための取り組みは，現在も行われており，これから先も行われていくであろう。

問１． 本文の主旨から，下線部(a)の技術者はだれか，次のなかから正しいものを一つ選びなさい。
　　ア．ピーター・ドラッカー
　　イ．アブラハム・マズロー
　　ウ．フレデリック・テイラー

問２． 下線部(b)の手法を何というか，正しい用語を漢字６文字で記入しなさい。

問３． 下線部(c)の説明として，次のなかから適切なものを一つ選びなさい。
　　ア．生産能力が低く，全体の生産量を引き下げている工程のこと
　　イ．生産能力が高く，過剰な半製品を供給している工程のこと
　　ウ．標準的な生産能力として，他の生産工程の基準となる工程のこと

⑩　次の文章を読み，問いに答えなさい。

　資材の購入や従業員への賃金の支払い，経費の支払いなど，企業が事業を継続していくためには，十分な資金が必要である。日々の事業のため，また，事業を拡大するためには資金の調達が重要な問題である。資金調達の方法は三つの種類に分類することができる。

　一つ目はデット・ファイナンス（負債調達）である。銀行からの借入や(a)社債の発行などにより資金を集める方法である。資金の調達とともに負債（デット）が増加することからデット・ファイナンスと呼ばれる。

　二つ目は(b)エクイティ・ファイナンス（株式調達）である。新たに株式を発行し，売却することで資金を集める方法である。資金の調達とともに純資産（エクイティ）が増加することからエクイティ・ファイナンスと呼ばれる。

　三つ目は(c)アセット・ファイナンスである。企業が保有する資産（アセット）を売却するなどして，資金を集める方法である。売却する資産は土地や備品などの固定資産や，特許権や商標権などの知的財産，売掛金などがある。アセット・ファイナンスでは(d)利息や配当金といった資金の調達や維持のための費用は不要である。

　それぞれの資金調達の方法には，それぞれのメリットとデメリットが存在する。企業は，これらの3種類の資金調達の方法を組み合わせて効率的に資金調達を行う必要がある。

問1．下線部(a)について述べたものとして，次のなかから正しいものを一つ選びなさい。
　ア．社債の購入者は株主といい，会社の基本方針を決定する権利の一部を持つことができる。
　イ．社債の購入は銀行などの金融機関に限られ，経営に間接的に意見を述べることができる。
　ウ．社債の購入者は債権者となり，企業の利益にかかわらず利息を受け取ることができる。

問2．下線部(b)の説明として，次のなかから正しいものを一つ選びなさい。
　ア．集められた資金は他人資本の一部となり，「返さなければならない」資金となる。
　イ．集められた資金は自己資本の一部となり，「返さなくてもよい」資金となる。
　ウ．集められた資金は総資本の一部となり，「長期的に少しずつ返す」資金となる。

問3．下線部(c)の例として，次のなかから適切なものを一つ選びなさい。
　ア．リモートワークの普及により，不要となったオフィスを売却して資金を調達した。
　イ．新規事業を始めるにあたり，エンジェルといわれる投資家から資金を調達した。
　ウ．インターネットを利用して，多数の人々から少額の資金を集めて資金を調達した。

問4．下線部(d)を何というか，正しい用語を5文字で記入しなさい。

11 次の文章を読み，問いに答えなさい。

　琺瑯（ほうろう）という素材がある。鉄などの金属の表面にガラス質の釉薬（ゆうやく）を塗り，高温で焼き付けたものである。金属の強さとガラスの美しさを兼ね備えた素材であり，食器や調理器などに利用されることが多い。琺瑯はその自然な美しさから腕時計の文字盤としても人気がある素材であるが，小さな琺瑯は加工が難しいため，100万円を超える価格で取引されるような超高級腕時計で使われることが多い。しかし，わが国の時計メーカーＡ社では，10万円前後の価格の腕時計で琺瑯の文字盤を使うことを実現しており，世界の腕時計関係者を驚かせている。

　Ａ社が琺瑯の文字盤を実現している背景には，一人の職人の存在がある。その職人は(a)高度に熟練した技術やノウハウを持ち，自身の目で塗布面の厚さを0.01mm単位で調整できるという。また，乾燥や焼き付けに要する時間もその日の気温や湿度に応じて微妙に調整するコツを持っているという。彼がその匠の技で月間200〜250の文字盤を製造できることが，Ａ社が琺瑯の文字盤を利用できる理由である。

　現在，その職人が最も力を注いでいるのが，(b)琺瑯の加工技術やノウハウを数値でとらえることである。技術やノウハウを数値化することで，新たな人材の育成の役に立つと考えているのである。

　近年，腕時計の業界はスマートウォッチが急速に普及しており，(c)モノのインターネット化が最も進んでいる分野であるともいえる。しかし，画一化されたスマートウォッチを避ける動きもあり，精密な機械の組み立てや美しい装飾など，多くの匠の技によって，一つひとつつくられている伝統的な腕時計の魅力も見直されている。

問1．本文の主旨から，下線部(a)の説明として，次のなかから適切なものを一つ選びなさい。
　ア．言葉で表現することが難しい暗黙知である。
　イ．言葉などで表現することができる形式知である。
　ウ．多数の人々の経験によって導かれた集合知である。

問2．本文の主旨から，下線部(b)の主な目的は何か，次のなかから適切なものを一つ選びなさい。
　ア．知識の創造と知識の変換
　イ．知識の共有と知識の移転
　ウ．知識の秘匿と知識の独占

問3．下線部(c)を何というか，英字3文字で正しい用語を記入しなさい。

12　次の文章を読み，問いに答えなさい。

　現代の企業経営において，「情報」はとても重要であり，なかでも顧客の個人情報については，ビジネス上の価値があるだけでなく，何としても守らなくてはならない資産の一つでもある。

　2014年，教育事業を展開するA社において，個人情報が漏洩する事件が発生した。漏洩した件数は，最大で約3,500万件というぼう大な量であり，おわびにかかる費用などとして特別損失を260億円計上した。本件に端を発した顧客の減少なども影響し，A社は赤字決算を出し，責任を取るために役員が辞任する事態となった。

　事件発生後，A社に対して，(a)経済産業省による勧告が行われ，業務の委託先も含めた個人情報保護に関する実施体制の明確化とセキュリティ対策の取り組みをもとにした再発防止策を盛り込んだ改善報告書を提出し，全社一丸となって再発防止に取り組むこととなった。

　このような個人情報の漏洩は，多額の損失を計上するだけでなく，それまで築いてきた企業への信頼やブランド価値を一瞬にして壊すことになる。ただし，これは個人情報の漏洩に限ったことではない。ほかにも(b)情報の非対称性によって生じる，品質の偽装，不当表示なども顧客の信頼を失う事態につながる。そのため，企業においては，きちんとした企業倫理を確立するとともに，経営を任せている取締役自身の自制心だけに任せるのではなく，(c)適切な牽制が機能するよう企業統治をきちんと行っていく必要がある。

問1．下線部(a)を何というか，次のなかから正しいものを一つ選びなさい。
　ア．行政処分　　イ．行政指導　　ウ．行政判断

問2．下線部(b)の説明として，次のなかから最も適切なものを一つ選びなさい。
　ア．商品を販売する企業側と購入する顧客側では，商品に対する情報の保有量に差がある。
　イ．情報には正しい情報と誤った情報があるため，きちんと見極めることが重要である。
　ウ．同じ企業の顧客同士でも，商品に対する情報の保有量には差がある。

問3．下線部(c)の例として，次のなかから適切ではないものを一つ選びなさい。
　ア．業務執行の監督を行わせるため，一定数の取締役を社外の人材から任命する。
　イ．不正行為が行われないよう，日々の業務執行の状況をすべての株主に報告する。
　ウ．社内からの情報を集めるため，従業員による内部通報制度を確立する。

13 次の文章を読み，問いに答えなさい。

　企業は，株主や債権者から集めた資金をもとに，事業活動を行い，利益を得ているが，この利益は，報酬や配当金として還元されるだけでなく，新たな投資や商品開発に使われたり，(a)税金という形で社会にも還元されている。つまり，企業が利益を追求することで，インフラなど社会資本整備や社会保障の充実が進むことにもつながり，私たちの社会は豊かになっていくのである。また，企業の出資者である株主の多くは，(b)キャピタルゲインや(c)インカムゲインを得ることを主目的としているため，株主の期待に応えるためにも利益の追求は企業にとっては必須である。

　しかし，利益の追求ばかりに目が行くと，企業のかじ取りを誤ってしまう恐れがある。たとえば，売上を伸ばすためにパッケージや広告に(d)商品の品質や効能の優良性を誇張して表現したり，消費者にとって有利であると誤解されるような表示を行ったり，財務諸表に手を加え，利益が過大に計上されるよう細工を行うといった不正行為は，本来の企業に期待されている役割から逸脱する大きな過ちである。このような事態に陥らないためにも，きちんと(e)企業の意思決定手順を定めたり，監督機能が働くような仕組みづくりを行っていくことが重要である。

　今日における社会の課題を解決し，新しい未来を創り出すためにも，企業のビジネスの力は欠かすことができない。企業は，利益を追求する前に，地域社会における良き市民としての責任を果たしていく必要がある。これからの企業経営にはこうした自覚とこれまで以上に真摯で誠実な姿勢が求められていくことだろう。

問１．下線部(a)に関する説明として，次のなかから適切ではないものを一つ選びなさい。
　ア．企業は契約書や領収証を交わす際にも，印紙税という税金を負担している。
　イ．取引に関わる消費税は，国税と地方税に分けられる直接税である。
　ウ．企業が納める税金には，法人税などの国税や，固定資産税などの地方税がある。

問２．下線部(b)と下線部(c)の説明として，次のなかから正しいものを一つ選びなさい。
　ア．(b)配当金など資産の保有による収益・(c)株式の売却による値上がり益
　イ．(b)株式の売却による値上がり益・(c)配当金など資産の保有による収益
　ウ．(b)配当金など資産の保有による収益・(c)株主優待

問３．下線部(d)を総称して何というか，漢字４文字で正しい用語を記入しなさい。

問４．下線部(e)を何というか，次のなかから正しいものを一つ選びなさい。
　ア．コーポレート・ガバナンス　　イ．コンプライアンス　　ウ．ディスクロージャー

⑭ 次の文章を読み，問いに答えなさい。

日本を代表するグローバル企業であるＡ社は，2018年から「あらゆる人に起業の機会を。」というコンセプトで，(a)社内起業など既存企業における事業創造向けに開発したプログラムを整備し，新たな起業支援サービスとして，社外へ提供している。

そのサービスの一つに，これまでのＡ社の起業に関するノウハウをもとに開発した「事業化支援Webアプリ」がある。このWebアプリは，事業立ち上げのノウハウやビジネスの基礎知識を学びながら，新規事業を始めるための準備ができるだけでなく，質問に答えていくことで，(b)事業アイディアの検討に役立つＳＷＯＴ分析などのフレームワークや投資家への説明資料など，新規事業に必要なさまざまな資料を自動で作成できる機能があり，起業を目指す人々から好評である。

Ａ社によると，これまでにもとても良いアイディアを持っていたり，完成度の高い試作品をつくっているにもかかわらず，そこから先に進めずに困っている人たちがたくさんいたという。その人たちの多くは，起業の仕方や手順が分からない，(c)起業時に投資家に対してアイディアやアクションプランなどの事業内容を説明するための資料のまとめ方が分からない，といった悩みであったため，これらを解決するためのサービスとして，このWebアプリを提供したという。

起業は，どんなにプランを練り上げてもうまくいくという保証はなく，実際は(d)計画を立て，チャレンジと失敗を経験し，そこから多くの学びを得て，改善していくというサイクルをくり返していくことで，成長させていくものである。しかし，この時間的・金銭的コストは起業における一つの障壁でもあるため，起業を短時間かつ低リスクで行えることを目指したＡ社の起業支援サービスは起業家のニーズともマッチしており，今後もますます普及していくことが予想される。

問１．下線部(a)を何というか，次のなかから正しいものを一つ選びなさい。
　ア．創業　　イ．新規事業の立ち上げ　　ウ．募集設立

問２．下線部(b)に関する説明として，次のなかから適切なものを一つ選びなさい。
　ア．内部環境を「機会」と「脅威」，外部環境を「強み」と「弱み」に分けて分析している。
　イ．内部環境を「強み」と「弱み」，外部環境を「機会」と「脅威」に分けて分析している。
　ウ．内部環境を「弱み」と「機会」，外部環境を「強み」と「脅威」に分けて分析している。

問３．下線部(c)のような資料を何というか，次のなかから適切なものを一つ選びなさい。
　ア．事業計画書　　イ．定款　　ウ．約款

問４．下線部(d)を何というか，英字４文字を補って正しい用語を完成させなさい。

15　次の文章を読み，問いに答えなさい。

　　貧困，差別，気候変動など，現代の社会的課題は多様化・複雑化しており，これらを解決するためには行政だけでなく，企業活動といったビジネスの力が必要であり，支援を求めている人に対して適切かつ効果的に力を発揮できるようなシステムの構築が急務とされている。

　　そんななか，各企業においても(a)企業の社会的責任を果たすため，環境問題や人権問題などを解決するための取り組みが注目されている。このような活動は，企業ブランドの価値向上やリスク・マネジメントにも寄与するものであり，長い目で見れば利益獲得にもつながることから，大企業ではホームページやコマーシャル，商品パッケージなどで大々的にアピールされている。しかし，多くのリソースやネットワークを持つ大企業以外にもこのような活動に意欲的でありながら，うまく実践できずにいる中小企業も多い。そこに目を付けて，起業したのがA社である。

　　A社は，このような社会的責任を果たすための活動を行いたいと思う企業と社会的課題の解決に実際に取り組むNPOやNGOを結び付けるサービスをオンラインで提供し，(b)サブスクリプションで収益を獲得する事業を展開している。また，収益の一部はNPOやNGOの無償支援に活用され，本当に支援の必要な人に適切な支援が行えるような仕組みづくりにも貢献している。

　　なお，日本で起業したA社の創業メンバーは全員が欧米やアフリカ出身の外国人であり，JICA（国際協力機構）と協力してアフリカでのスタートアップを数多く手がけてきた経験と実績があり，(c)競合企業と比較して独自性や専門性が高く，容易には模倣されないサービスを提供している点が特徴とされている。

　　A社は今後，企業やNPOなどの支援を中心に，社会や地域の課題をビジネス的手法で解決にあたる社会起業家の育成にも力を入れ，日本が世界中の人たちから感謝される国にしたいというビジョンを描いており，日本企業と世界とをつなぐかけ橋になっていくことだろう。

問1．下線部(a)の活動を何というか，次のなかから適切なものを一つ選びなさい。
　ア．コンプライアンス活動
　イ．CSR活動
　ウ．コーポレート・ガバナンス活動

問2．下線部(b)の説明として，次のなかから適切なものを一つ選びなさい。
　ア．著作物や意匠物の複製，転載など二次利用の権利を許諾することで収益を生み出す手法
　イ．製品やサービスの交換の場を提供し，参加者への課金により収益を生み出す手法
　ウ．顧客への継続的な課金を通じて収益を生み出す手法

問3．下線部(c)を何というか，次のなかから正しいもの一つ選びなさい。
　ア．インセンティブ　　イ．スタートアップ　　ウ．コア・コンピタンス

「ビジネス・マネジメント」解答用紙

得点

1	問1	問2	問3

2	問1	問2	問3

3	問1	問2	問3	問4
			化	

4	問1	問2	問3

5	問1	問2	問3

6	問1		問2	問3
	的資源			

7	問1	問2	問3	問4

8	問1	問2	問3

9	問1	問2	問3

10	問1	問2	問3	問4

11	問1	問2	問3

12	問1	問2	問3	問4
	独立			

13	問1	問2	問3

14	問1	問2	問3	問4
		な社会		

15	問1	問2	問3

学校名		学年	年	組	番	名前		総得点	

「ビジネス・マネジメント」解答用紙

1

問1	問2	問3	問4

得点

2

問1	問2	問3

3

問1	問2

4

問1	問2

5

問1	問2	問3

6

問1	問2	問3

7

問1	問2	問3

8

問1	問2	問3	問4

9

問1	問2	問3

10

問1	問2	問3

11

問1	問2	問3

12

問1	問2	問3

13

問1	問2	問3	問4

14

問1	問2	問3
		制

15

問1	問2	問3

16

問1	問2	問3	問4
組織			

学校名		学年	年	組	番	名前	

総得点

「ビジネス・マネジメント」解答用紙

	問1	問2	問3	問4
1				

得点

	問1	問2
2		

	問1	問2
3		

	問1	問2	問3	問4
4				

	問1	問2	問3	問4
5				

	問1	問2	問3	問4
6				

	問1	問2	問3
7			

	問1	問2	問3	問4
8				

	問1	問2	問3
9			

	問1	問2	問3
10	分析		

	問1	問2	問3
11			

	問1	問2	問3	問4
12				

	問1	問2	問3
13			

	問1	問2	問3	問4
14				

	問1	問2	問3
15	顧客		

学校名		学年	年	組	番	名前	

総得点

第4回　商業経済検定模擬試験問題
「ビジネス・マネジメント」解答用紙

得点

1	問1	問2	問3

2	問1	問2	問3

3	問1		問2	問3
		要因		

4	問1	問2		問3	問4
		事業の			

5	問1		問2	問3
		の範囲		

6	問1	問2	問3

7	問1	問2	問3

8	問1		問2	問3	問4

9	問1	問2		問3

10	問1	問2	問3	問4

11	問1	問2	問3

12	問1	問2	問3

13	問1	問2	問3	問4

14	問1	問2	問3	問4
				サイクル

15	問1	問2	問3

学校名		学年	年	組	番	名前	

総得点

令和5年度版
全商商業経済検定模擬試験問題集
1・2級　ビジネス・マネジメント

時事テーマ問題　2023　ビジネス・マネジメント

① **出題テーマ** ビジネスの創造，ビジネス・モデル

▶**問1．正解はア**

解説 ビジネス・モデルとは，顧客の決定，提供価値の決定，提供方法とその仕組みという一連の組み合わせのことである。なお，イは新結合，ウはワーク・シェアリングの説明である。

▶**問2．正解はイ**

解説 すでに自身が製品やサービスを購入している顧客をアの「顕在顧客」といい，まだ購入していないが購入してくれる可能性がある顧客をイの「潜在顧客」という。また，まだ存在していないが将来必要としてくれる顧客をウの「未知の顧客」という。下線部(b)から地図アプリの存在を知っているが，ＧＰＳの機能を十分に理解できずに利用していなかった顧客であっても，ＧＰＳを使えることがわかれば購入する可能性が高い顧客となるため，潜在顧客と判断することができる。よって，イが正解となる。

▶**問3．正解はウ**

解説 当初無料でサービスを提供し，あとからより高機能な有料サービスへと誘導するビジネス・モデルについての問いである。このビジネス・モデルはウの「フリーミアム」といい，継続課金モデルに含まれる。なお，アの「リカーリング」とはプリンタのインクカートリッジのように一度で完結する取引ではなく何回もくり返し利益を得ることができる仕組みのこと，イの「クラウドファンディング」とはインターネットを介して不特定多数の人々から少額ずつ資金を調達する仕組みのことをいう。

② **出題テーマ** ビジネスの創造，ターゲット顧客

▶**問1．正解はア**

解説 ストレスを抱えたり，睡眠の質に問題があったりする顧客集団は，主に人口統計的分類，社会的分類で分類するとターゲット顧客を発見しやすい。ターゲットの特性として，30代から50代のビジネスパーソンは該当する場合が多いと想定される。部活動で忙しい中学生や高校生はストレスの多い可能性はあるが睡眠の質で悩む人の割合はビジネスパーソンよりは小さいだろう。また，同様に妊娠から出産までの期間の女性にもストレスや睡眠の質に問題がある可能性はあるが，そもそもの「栄養が必要」というニーズには対応していない。以上のことから，相対的に判断すると30代から50代のビジネスパーソンが最も可能性が高いと判断できる。

▶**問2．正解はウ**

解説 ヨーゼフ・シュンペーターはイノベーションを新

結合と定義したが，新結合には次のように五つのタイプがある。

プロダクト・イノベーション	新しい製品機能，新しい品質をもたらす革新
プロセス・イノベーション	新しい生産方法をもたらす革新
マーケット・イノベーション	新しい販売経路をもたらす革新
サプライ・チェーン・イノベーション	原材料や半製品などの新しい供給源をもたらす革新
組織イノベーション	新しい組織をもたらす革新

下線部(b)ではインターネットの注文サイトとＹレディによる販売について述べているため，新しい販売経路をもたらす革新だと判断できる。よって，マーケット・イノベーションの内容であるウが正解だと導き出すことができる。

▶**問3．正解はア**

解説 A社は，乳酸菌飲料Ｘの機能がほかの乳酸菌飲料にはないものであることを顧客に伝えるために，ＹレディにＸの商品知識を身に付けてもらっている。これは差別化戦略を行っていると考えることができるため，アが正解となる。なお，イの同質化戦略とは競合企業の類似品を製品化することで，顧客獲得において先行企業に追従する戦略であり，ウのランチェスター戦略とは弱者が強者に勝つための方法，いわば中小企業がどうすれば大企業に勝てるのかを体系化した戦略のことをいう。

重要用語の確認

❶ビジネスとマネジメント

1 マネジメント　2 ビジネス　3 ビジネス・マネジメント　4 社会的課題　5 効率性　6 事業化　7 便益　8 利益　9 企業家（起業家）　10 企業家活動　11 イノベーション　12 ヨーゼフ・シュンペーター　13 新結合　14 プロダクト・イノベーション　15 プロセス・イノベーション　16 マーケット・イノベーション　17 サプライ・チェーン・イノベーション　18 組織イノベーション　19 限定合理性　20 不確実性　21 慣性　22 アニマル・スピリット　23 アントレプレナーシップ　24 企業家精神　25 経営理念　26 経営方針　27 コーポレート・アイデンティティ（CI）　28 事業機会　29 顕在顧客　30 潜在顧客　31 未知の顧客　32 有用性　33 ターゲット顧客　34 セグメンテーション　35 セグメント　36 アーカイブ調査　37 Web調査　38 行動観察　39 質問票調査　40 市場調査　41 潜在市場規模　42 潜在市場　43 企業の社会的責任（CSR）

❷組織のマネジメント

44 競争優位　45 競争力　46 利益の専有　47 変換能力　48 希少性　49 模倣可能性　50 コモディティ化　51 差別化戦略　52 同質化戦略　53 アクション・プラン　54 SWOT分析　55 強み　56 弱み　57 機会　58 脅威　59 PEST分析　60 政治的要因　61 経済的要因　62 社会的要因　63 技術的要因　64 マクロ環境要因　65 利益ポテンシャル　66 ファイブ・フォーシズ分析　67 対抗度　68 買い手　69 売り手　70 新規参入　71 代替品　72 コア・コンピタンス（中核能力）　73 ダイナミック・ケイパビリティ（動的能力）　74 VRIO分析　75 戦略　76 節約　77 PDCAサイクル　78 組織化　79 タスク　80 生産性　81 分業　82 調整　83 アダム・スミス　84 垂直的分業　85 水平的分業　86 行動プログラム　87 例外事象　88 垂直的調整　89 水平的調整　90 統制の範囲　91 権限と責任の一致　92 危機管理マニュアル　93 組織図　94 組織形態　95 指揮命令系統　96 部門　97 ライン　98 スタッフ　99 事業部制組織　100 機能別組織　101 マトリックス組織　102 ツー・ボス・システム　103 横断的組織　104 プロジェクト組織　105 利益責任単位　106 ホラクラシー　107 自己充足性　108 命令一元化の法則　109 開発リードタイム　110 プロジェクト・マネージャー　111 アウトソーシング　112 外注　113 垂直統合　114 取引費用　115 内製　116 系列取引　117 成長マトリックス　118 市場浸透　119 新商品開発　120 新市場開拓　121 多角化　122 関連型多角化　123 非関連型多角化　124 コングロマリット　125 既存事業の停滞　126 事業ライフサイクル　127 リスクの分散　128 シナジー効果　129 事業ポートフォリオ　130 事業転換　131 企業能力のジレンマ　132 市場魅力度のジレンマ　133 多角化企業　134 選択と集中　135 市場シェア　136 市場成長率　137 セル　138 相対市場シェア　139 プロダクト・ポートフォリオ・マネジメント（PPM）　140 累積生産量　141 キャッシュ　142 問題児　143 花形　144 金のなる木　145 負け犬　146 残存者利益　147 MBO　148 清算　149 撤退障壁　150 モラール　151 内部開発　152 M&A　153 合併　154 コミットメント　155 買収　156 提携（アライアンス）　157 資本提携　158 ジレンマ

❸経営資源のマネジメント

159 組織内部のマネジメント　160 リーダーシップ　161 タスク志向　162 人間関係志向　163 変革型リーダーシップ　164 モチベーション（動機付け）　165 コンフリクト　166 環境の不確実性　167 ルーティンワーク　168 シェアド・リーダーシップ　169 フォロワーシップ　170 内発的動機付け　171 外発的動機付け　172 目標設定理論　173 職務設計理論　174 モニタリング・コスト　175 インセンティブ（外発的動機付け）　176 モチベーションのクラウディング・アウト効果　177 マンダラート　178 スキル多様性　179 タスク完結性　180 タスク重要性　181 自律性　182 フィードバック　183 セル生産　184 流れ作業　185 問題直視　186 経営資源　187 財務的資源　188 資金調達　189 株式調達（エクイティ・ファイナンス）　190 負債調達（デット・ファイナンス）　191 株主　192 債権者　193 資本コスト　194 直接金融　195 間接金融　196 デリバティブ　197 金融派生商品　198 先物取引　199 オプション取引　200 スワップ取引　201 配当金　202 財務分析　203 財務諸表　204 収益性　205 安全性　206 売上総利益　207 販売費及び一般管理費　208 営業利益　209 営業外収益　210 営業外費用　211 経常利益　212 特別利益　213 特別損失　214 税引前当期純利益　215 当期純利益　216 税引後当期純利益　217 売上高利益率　218 売上高総利益率　219 売上高営業利益率　220 資本利益率　221 自己資本利益率（ROE）　222 総資本利益率（総資産利益率，ROA）　223 資本回転率　224 流動比率　225 当座比率　226 自己資本比率　227 固定比率　228 人的資源　229 採用　230 リアリスティック・ジョブ・プレビュー（RJP）　231 リアリティ・ショック　232 採用計画　233 正規雇用　234 非正規雇用　235 パートタイム労働者　236 派遣社員　237 直接雇用　238 間接雇用　239 男女雇用機会均等法　240 障害者雇用促進法　241 賃金　242 基本給　243 賞与　244 所定外給与　245 所定内給与　246 福利厚生　247 号俸表　248 昇格　249 昇進　250 職能資格制度　251 賃金カーブ　252 OJT　253 Off-JT　254 異動　255 社内公

❹企業の秩序と責任

❺ビジネスの創造と展開

	問1	問2	問3
1	ア	ア	イ

	問1	問2	問3
2	イ	ア	イ

	問1	問2	問3	問4
3	ア	ウ	コモディティ　化	ア

	問1	問2	問3
4	ウ	ウ	ア

	問1	問2	問3
5	ア	ウ	ア

	問1	問2	問3
6	財　務　的資源	イ	イ

	問1	問2	問3	問4
7	ウ	ア	イ	非　正　規　雇　用

	問1	問2	問3
8	ワークライフバランス	ウ	ア

	問1	問2	問3
9	ウ	ア	イ

	問1	問2	問3	問4
10	エ	ア	イ	配　当　金

	問1	問2※	問3
11	ア	産　業　財　産　権	イ

※別解として「工業所有権」

	問1	問2	問3	問4
12	ア	独立　社　外　取　締　役	イ	ア

	問1	問2	問3
13	イ	ウ	ウ

	問1	問2	問3	問4
14	ウ	持　続　可　能　な社会	ウ	ア

	問1	問2	問3
15	ウ	事　業　計　画　書	イ

① **出題テーマ** イノベーション，事業創造

▶**問１．** 正解は**ア**

解説 ケインズは『雇用・利子および貨幣の一般理論』のなかで，経済活動において人間が行う非合理的で主観的な行動を「アニマル・スピリット」によるものだと述べた。その後，アニマル・スピリットは多くの経済学者や経営学者が用いるようになった言葉である。よって，正解はアとなる。なお，イの「コア・コンピタンス」とは企業活動において中枢・中核となる強みのことであり，ウの「ダイナミック・ケイパビリティ」とは環境の変化に応じて中核能力を新たなものへ変えていく能力のことである。

▶**問２．** 正解は**ア**

解説 シュンペーターはイノベーションとは新結合であるととらえた。新結合には①プロダクト・イノベーション（製品上の革新）②プロセス・イノベーション（生産工程上の革新）③マーケット・イノベーション（市場での革新）④サプライ・チェーン・イノベーション（取引上の革新）⑤組織イノベーション（組織上の革新）の五つのタイプがあるとした。本文にＡ社がこれまでになかった個人向け宅配便という新たな市場を開拓したとあり，運送サービスの新たな販売経路をもたらしているため，アの「マーケット・イノベーション」を解答として導くことができる。

▶**問３．** 正解は**イ**

解説 イの「事業創造」とは新しいビジネスを生み出す活動のことである。下線部(c)は新しい運送サービスの創出とあるため，イが正解だと判断できる。なお，アの「コーポレート・アイデンティティ」とは，イメージやデザイン，メッセージの開発と発信を通じて，企業の独自性やあるべき姿を顧客や従業員に対して訴求し，企業の存在意義を高める活動である。ウの「事業転換」とは，企業が現在営んでいる事業を縮小または廃止して，その代わりに異なる事業を始めることである。

② **出題テーマ** セグメンテーション，ターゲティング

▶**問１．** 正解は**イ**

解説 顧客集団の類型化，細分化の基準は次のとおりである。

基準	類型化，細分化の例
人口統計的分類	年齢，性別，家族構成，宗教など
地理的分類	居住地，勤務地，就学地域など
社会的分類	職業，学歴，所得，文化的背景など
心理的分類	価値観，態度，性格など

よって，下線部(a)は年齢，性別で分類されているため，イの「人口統計的分類」となる。

▶**問２．** 正解は**ア**

解説 顧客のニーズを知るためには，市場調査を行う。本文と下線部(b)の内容から，定食屋ではたくさん食べるために行くことが一般的にあり，女性はたくさん食べているところを見られたくないということがニーズであったということがわかる。よって，そのニーズに対応させたことを説明しているアが正解となる。

▶**問３．** 正解は**イ**

解説 潜在市場規模は，製品やサービスに関心を寄せる潜在的な顧客数と顧客の製品やサービスの使用頻度，製品やサービスの利用に伴い顧客が支払う一回あたりの価格の積となる。よって，正解はイとなる。

③ **出題テーマ** ＳＷＯＴ分析，同質化戦略，差別化戦略

▶**問１．** 正解は**ア**

解説 高濃度の茶カテキンが体脂肪率を低減させる効果があり，緑茶飲料では初めて特定保健用食品に認定されたとあることから，Ｂ社は競争優位を維持するために差別化戦略をとっていると判断できる。よって，アが正解となる。

▶**問２．** 正解は**ウ**

解説 ＳＷＯＴ分析では，ビジネスの内部環境と外部環境を分析する。内部環境では，競争企業と比較して優っている点を「強み」，劣っている点を「弱み」ととらえる。また，外部環境では，ビジネスに望ましい影響を与える要因を「機会」，望ましくない影響を与える要因を「脅威」ととらえる。下線部(b)は緑茶飲料市場という自社の外部の環境であり，市場の成長はビジネスに望ましい影響を与えるため，ウの「機会」があてはまる。

▶**問３．** 正解は**コモディティ化**

解説 製品やサービスが，普及することにより，競合企業間で提供する性能や機能，品質において同質化が進み，一般的な商品となる状況をコモディティ化という。コモディティ化すると，同質化された商品が多数あるため，市場は価格競争に陥ることになる。

▶**問４．** 正解は**ア**

解説 同質化戦略とは，競合企業の類似品を製品化することで，顧客獲得において先行する企業の差別化戦略に対抗する戦略である。下線部(d)では茶カテキン量を２倍にするという茶カテキンに着目する商品を開発することでＹ茶の独自性を小さくしようとしている。よって，アが正解となる。

④ **出題テーマ** 組織のマネジメント，タスク

▶**問1．** 正解は**ウ**

■**解説**▶ 経営資源を効率的に活用し，組織の目標を達成することを「マネジメント」という。なお，アはビジネスコミュニケーション，イはマーケティングの説明である。

▶**問2．** 正解は**ウ**

■**解説**▶ アンリ・ファヨールが定義した管理活動では，経営者や管理者が行うべき管理活動には，予測と計画，組織化，命令，調整，統制がある。下線部以降の本文からA社では，事業計画を策定（予測と計画），タスクを割り振り（組織化），具体的な指示（命令），全体として適切に行われるように管理活動（調整），部下を監視や必要な時の修正（統制）の順番で行われたことから，正解はウだと判断できる。

▶**問3．** 正解は**ア**

■**解説**▶ 経営者，管理者が行う管理活動の具体的な内容に関する問いである。アは調整の内容を示している。イは命令といえるが，ほかの部署と関わらないという指示によりタスク全体が適切に行われないことになる。ウでは事業部長は意見を言わないことにしたとあるが，管理者は部下のタスクを監視し必要なときには修正を加える統制を行う必要がある。

---

⑤ **出題テーマ** 事業の転換，M＆A

▶**問1．** 正解は**ア**

■**解説**▶ 企業外部の経営資源を活用する手段としてアの「M＆A」がある。合併（Merger）とは二つ以上の企業が一つになること，買収（Acquisition）とはほかの企業の株式買い取りにより経営権を獲得することである。よって，アが正解である。なお，イの「MBO」とは経営陣が株主から自社株式を買い取って独立すること，ウの「コミットメント」とは約束や公約と呼ばれ，責任を持って関与することを明言する際に用いられる。

▶**問2．** 正解は**ウ**

■**解説**▶ 下線部(b)のシナジー効果は選択肢ウにあるように，二つ以上の商品を別々の企業がそれぞれ独立して手がけるよりも，費用が小さくなったり，利益が多くなったりすることである。よって，正解はウとなる。企業は，複数の商品を同時に手がけ，シナジー効果を実現できるような事業の多角化を進めることがある。なお，アは内部開発，イは選択と集中の内容である。

▶**問3．** 正解は**ア**

■**解説**▶ 「提携」では，特定の経営資源を拠出したり相互利用したりする。そのため，内部開発やM＆Aとは異なり，ほかの方法と比べると相対的にリスクを抑え，たがいに必要な経営資源を活用ができる。よって，アが正解。なお，イはM＆A，ウは内部開発のメリットが記述されている。

---

⑥ **出題テーマ** 経営資源の種類

▶**問1．** 正解は**財務**的資源

■**解説**▶ 経営資源は伝統的に「ヒト・モノ・カネ」と表現されてきた。現在はこの三つに「情報」を加え，「ヒト・モノ・カネ・情報」と表現することが多くなった。そして，ヒトを人的資源，モノを物的資源，カネを財務的資源，情報を情報的資源という。

▶**問2．** 正解は**イ**

■**解説**▶ 日本には「終身雇用」と「年功序列」という経営慣行が存在する。企業が育てた有能な人材の他企業への流出を防ぐことはできるが，人材育成や採用が上手くいかないと，長期にわたり従業員の能力に見合わない賃金を支払うことになり，企業の成長を阻害してしまうことになる。よって，正解はイとなる。終身雇用のもとでは，長期的な雇用を避けることは難しく，アは誤りである。ウのように非正規社員によって賃金を抑えようとすることは，短期的には良い効果をもたらすこともあるが，長期的には企業の将来に対して必ずしも良いこととはいえず誤りである。

▶**問3．** 正解は**イ**

■**解説**▶ アは「物的資源」，イは「情報的資源」，ウは「人的資源」であるため，正答はイである。

ヒト	人的資源	従業員など
モノ	物的資源	製品や設備など
カネ	財務的資源	資金など
情報	情報的資源	ブランドやノウハウなど

---

⑦ **出題テーマ** 人的資源のマネジメント，リアリティ・ショック

▶**問1．** 正解は**ウ**

■**解説**▶ 二者の間でおたがいが持つ情報の量や質に差がある状態を「情報が非対称である」と表現する。採用プロセスにおける「情報の非対称性が高い」とは，求人をしている企業側が，求職者の本当の情報を知らず，求職者の学生などが，求人側の企業の本質を知らない状況をいう。よって，正答はウである。「情報の非対称性」は，商取引での売り手と買い手の情報の差として語られることが多い用語である。アは正反対の「情報が対称になっている」状態を示しており，イのように学校側から学生や生徒の秘密の情報を流すことはあり得ないので，ともに誤りである。

▶**問2．** 正解は**ア**

■**解説**▶ 採用プロセスにおける「リアリティ・ショック」とは新入社員が，入社前の理想や予想と入社後の現実のギャップにより生じる衝撃のことである。よって，正答はアである。インターンシップや応募前職場見学などは，学生

や生徒などに現実の職場の雰囲気を伝えるための手段であり「リアリティ・ショック」を軽減するための手段である。

▶問３．正解はイ

■解説▶ 日本では「終身雇用」という慣行が一般的である。「終身雇用」とは，大学や高校などを卒業する予定の学生や生徒を対象に採用活動をする「新卒一括採用」により採用された生徒を定年退職まで雇用する慣行である。よって正答はイである。アは学校指定や学閥による採用を意味しており，あまり好ましいこととはいえない仕組みである。ウは中途採用を意味している。

▶問４．正解は非正規雇用

■解説▶ 雇用は正規雇用と非正規雇用に分けられる。正規雇用とは，雇用期間の期限に定めがなく，フルタイム（１日８時間，週５日など）で働き，勤務する企業に直接雇われている雇用をいう。一方，雇用期間に期限があるもの（臨時雇用など）や，勤務時間がフルタイムでないもの（パートタイムやアルバイトなど），勤務企業に直接雇われていないもの（派遣や請負など）を「非正規雇用」という。

8 　出題テーマ　人的資源のマネジメント

▶問１．正解はワークライフバランス

■解説▶ 従業員一人ひとりの，仕事の時間と私的な生活の時間の調和を「ワークライフバランス」という。日本人は残業などにより長時間勤務をしがちであり，ワークライフバランスが悪い社会人も多い。近年，働き方改革の名のもと，官民あげて，理想的なワークライフバランスの実現に努めている。

▶問２．正解はウ

■解説▶ 下線部(b)のように，自分の都合の良い時間に働く制度をウの「フレックスタイム制度」という。よって，正答はウである。アの「変形労働時間制度」とは，週40時間までという制限を前提として，特定の日に８時間を超える労働（10時間まで）を認める制度である。イの「みなし労働時間制度」とは，労働時間の把握が難しい業務の従業員に対して，実際の労働時間が多くとも少なくとも，所定労働時間を満たしていると「みなす」制度である。

▶問３．正解はア

■解説▶ 障害者雇用促進法は障がい者の雇用促進や安定を図ることを目的とした法律である。障がいのある方の職業リハビリテーションの推進，差別の禁止，そして，雇用義務や合理的配慮の提供などの雇用促進について定めてある。雇用義務は障がい者を雇用する割合である法定雇用率で示される。未達成の場合，１人あたり月５万円の納付金を支払う必要があるが，これは罰則ではない。このため，未達成のまま納付金を支払うことで解決している企業が多く存在することが問題である。よって，正答はアである。

法定雇用率は低いという考えもあるが未達成の企業が多いためより高くすることは考えにくい。よって，イは誤りである。法定雇用率は企業の種類や規模によって定められているため，ウも誤りである。

9 　出題テーマ　物的資源のマネジメント，流通構造

▶問１．正解はウ

■解説▶ 卸売業や小売業を限定せず，自社の商品を流通させることを「流通構造を開放的にする」と表現し，卸売業や小売業を限定して，自社の商品を流通させることを「流通構造を閉鎖的にする」と表現する。よって，正答はウである。流通を開放的にすると，商品を消費者に向けて広く流通させることができるが，ブランドイメージや価格の維持は難しくなる。一方，閉鎖的にすれば，消費者に商品が届きづらくなるが，ブランドイメージや価格をコントロールしやすくなる。アとイは閉鎖的な流通構造であり，アは「排他的流通構造」，イは「選択的流通構造」ともいう。

▶問２．正解はア

■解説▶ 直接流通とは，生産者と消費者が直接つながる流通をいう。自社店舗での販売などが伝統的な例であったが，ＩＣＴの発展により，アのような形での直接流通が増加している。イとウはそれぞれ，通信販売業者やアンテナショップが流通に加わるため，間接流通の例となる。

▶問３．正解はイ

■解説▶ イのような生産の単位をロットサイズという。アは内容量のことであり，ウはリードタイムのことである。リードタイムとはウにあるとおり，発注してから納品されるまでに要する時間や日数のことである。

10 　出題テーマ　財務的資源のマネジメント，資金調達

▶問１．正解はエ

■解説▶ 金融の方法の分類については，次のとおりである。よって，正答はエである。

直接金融	株式や債券の発行による資金調達
間接金融	金融機関からの借入による資金調達
株式調達	株式の発行により自己資本（資本）を増やす資金調達
負債調達	銀行からの借入や社債の発行により，他人資本（負債）を増やす資金調達

▶問２．正解はア

■解説▶ 株式を発行して得た資金は資本金と資本剰余金に加えられる。それぞれ自己資本であり，返還の必要はない。よって，正答はアである。株主への支払いは利息ではなく配当金であり，配当金は利益に応じるもので一定ではないのでイは誤りである。ウは社債を発行した際の説明である。

▶**問3．正解はイ**

■解説▶ 時価発行増資とは，株式を市場価格で発行し，資金を調達することである。株価が高い状況であれば，少ない発行株式数で目標とする資金を調達できるというメリットがある。時価発行増資の場合，投資家は時価に近い価額で株を取得することになり，また，2001年の商法改正によって額面株式は発行できなくなっているため，アは誤りである。そして，調達した金額以上に資本金を増やすことはできないため，ウも誤りである。

▶**問4．正解は配当金**

■解説▶ 株式会社の利益は株主総会で処分方法が決定される。基本的に株式会社の利益は「配当金」として株主に還元される。近年は，株主とのつながりを強化する企業が多く，配当金以外の株主優待制度を実施している企業が多い。

---

⑪ **出題テーマ** 情報的資源のマネジメント，知的財産

▶**問1．正解はア**

■解説▶ 特許などを公開し，他社の参入を促す戦略をオープン戦略といい，特許などを制限し，自社で独占する戦略をクローズ戦略という。クローズ戦略のメリットは，自社が利益を独占できることや差別化ができることのほか，ブランドや価格などのコントロールがしやすくなることなどが考えられる。独占していても，バージョンアップをしなければ陳腐化が起き売上が下がるのでイは誤りである。市場シェアが高いこととクローズ戦略には直接的な関係はないため，ウの内容は文章そのものにあまり意味がない。

▶**問2．正解は産業財産権（工業所有権）**

■解説▶ 知的な創造活動によって生み出され，財産的な価値のある情報を知的財産（知財）といい，それを独占的に利用できる権利を知的財産権という。知的財産権は文芸や音楽などの創作者に与えられる著作権と主に企業が利用する新しい技術やデザイン，ネーミングに対する権利である産業財産権に分けられる。

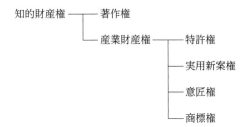

▶**問3．正解はイ**

■解説▶ オープン戦略の目的は，他社の参入により，自社の技術が市場の標準となり，部品や関連商品などが増えることである。製造量が増えれば，原価が下がることが期待できる。よって，正解はイである。技術をオープンにする

ことで，その技術を提供された他社は，研究開発に余力が生まれ，その余力を別の研究開発に向けることができる。研究開発を止めることは通常考えられないのでアは誤りである。端末の種類が増えれば，価格競争が起き，価格が下がることが考えられので，ウも誤りである。

---

⑫ **出題テーマ** コーポレート・ガバナンス，社外取締役

▶**問1．正解はア**

■解説▶ コーポレート・ガバナンスは企業統治ともいい，株主などの利害関係者が，責任を適切に果たさせるために企業に対して牽制することであり，アが正解となる。イの情報開示はディスクロージャーのことであり，ウの企業倫理はコンプライアンスのことである。

> **Point** コーポレート・ガバナンスは，企業は経営者のものではなく，株主のものであるという考え方のもと，企業経営を監視する仕組みである。企業側は企業価値の向上に努め，株主に対して最大限の利益の還元を目的とすべきという考え方が根本にある。具体的な取り組みとしては，取締役と執行役の分離，社外取締役の設置，社内ルールの明確化などが挙げられる。

▶**問2．正解は独立社外取締役**

■解説▶ 独立社外取締役とは，取締役会の独立性を確保するために，一般株主と利益相反が生じる恐れのない社外の人間を取締役に任命することである。

> **Point** 東京証券取引所では，コーポレート・ガバナンスの実効性を高めるため，上場企業に対して，独立社外取締役を2名以上選任するべきという規定を設けている。これにより，上場企業では，さまざまな経歴を持った社外の人材が登用されることになった。法務に長けた人材や外国での駐在経験者，行政とのパイプを持つ者など，社内の人材だけでは補完しきれなかった強みを手に入れることにもつながっている。

▶**問3．正解はイ**

■解説▶ 企業の説明責任のことを「アカウンタビリティ」といい，イが正解となる。アの「キャピタルゲイン」は，株式の売却によって得る値上がり益のことであり，ウの「ステークホルダー」は利害関係者のことである。

> **Point** アカウンタビリティは，「accounting（会計）」と「responsibility（責任）」を組み合わせた造語ともいわれ，もともとは会計責任と訳され，出資者への報告義務を意味していた。しかし，近年では，説明責任と訳されることが多く，行政や医療，教育などあらゆる場面で使われるようになっている。

▶**問4．正解はア**

■**解説**■ 経営活動における意思決定は，取締役会に委ねられているため，アが正解となる。よって，イとウの説明は不適切である。本来は会社のオーナーである株主が重要事項を決めるべきであるが，世界中に散らばっている株主たちを集めて，そのつど審議していくことは難しい。そのため業務の執行における重要事項は取締役会に任せ，配当や合併，定款変更など会社の根幹に関わることを株主総会で扱うことになっている。

○株主総会と取締役会の業務例

株主総会	取締役の選任・解任 会社の合併・分割 剰余金の配当 定款の変更 会社経営に対する提案　　　など
取締役会	業務執行の決定 支店などの組織の設置・変更・廃止 支配人などの使用人の選任 融資に関する事案 経営者の監督　　　　　　　　など

⑬ **出題テーマ** ＣＳＲ，ダイバーシティ，リスク・マネジメント

▶**問1．正解はイ**

■**解説**■ 企業の社会的責任は，「Corporate Social Responsibility」といい，頭文字をとって「ＣＳＲ」と呼ばれる。よって，イが正解となる。アの「ＣＲＭ」は「Customer Relationship Management」の略であり，顧客と企業の相互利益を向上させることを目指す経営手法のことである。ウの「ＳＣＭ」は，「Supply Chain Management」の略であり，組織や企業をまたいでサプライ・チェーン（供給連鎖）を管理し，生産や販売の効率化を図る経営手法のことである。

▶**問2．正解はウ**

■**解説**■ ダイバーシティとは，多様性のことであり，企業経営においては，人材と働き方の多様化を指す。そのため，多様な働き方を提供するというアの説明と，多様な人材を採用していくというイの説明は適切なものである。一方，ウは，ワークライフバランスそのものの説明であるため，ウが正解となる。

Point	日本においてダイバーシティの推進が進んでいるのは，アメリカのような個人の権利を守る目的のほかに，深刻な社会課題も要因の一つである。それは，少子高齢化による労働人口の減少である。慢性的な人手不足に苦しむ業種・企業も増えているなかで，抜本的に人手不足を解消するには，今まで以上に日本の労働市場に参加できる人を増やしていく必要があり，多様な人材の登用とそのために多様な働き方を提供していくことが求められている。

Point	ワークライフバランスとは，仕事と育児や介護，趣味や学習，休養，地域活動といった仕事以外の生活との調和をとり，その両方を充実させる働き方・生き方のことである。仕事がうまくいっていると私生活でも心のゆとりを持つことができ，逆に私生活が充実することで仕事のパフォーマンスが上がるなどワークライフバランスをきちんととることでたがいに好循環を生み出すことができる。

▶**問3．正解はウ**

■**解説**■ 組織的なリスク管理により，損失の回避や低減に取り組むことを「リスク・マネジメント」といい，ウが正解となる。アの「リスク・ヘッジ」は，危険回避という意味の和製英語であり，一般的には，金融商品などの相場変動による損失の危険を回避することを指す。イの「リスク・アプローチ」は，財務諸表監査において，世界中で採用されている手法で，現代の監査の基本的なモデルである。

⑭ **出題テーマ** ビジネス・モデル，創業

▶**問1．正解はウ**

■**解説**■ サブスクリプションとは，長期的な利用を目指し，顧客への継続的な課金を通じて収益を生み出すビジネス・モデルであり，ウが正解となる。アは，卸売・小売モデルの説明であり，イは消耗品モデルの説明である。

Point	サブスクリプションは，月額980円のような価格設定を行い，その期間は使い放題となるような仕組みが一般的である。音楽，動画，ゲーム以外にも，洋服，ミールキット，靴，宝飾品，自動販売機などさまざまな分野において導入されている。

▶**問2．正解は持続可能な社会**

■**解説**■ ＳＤＧｓとは「持続可能な開発目標」のことであり，世界中にある環境問題・差別・貧困・人権問題といった課題を，世界中のみんなで2030年までに解決していこうというものである。

フリーミアム モデル	当初は無料で利用できるが，後に付 加価値の高いサービスを有料で提供 し，収益を得る。

▶問4．正解はア

■解説▶ 企業家が持つ気質や能力・行動様式のことをイの「企業家精神」という。また，英語ではウの「アントレプレナーシップ」という。A社の創業者も起業は社会や人のためにするものであるという明確な考え方を訴えており，下線部(d)から企業家としての考えや行動様式を知ることができる。一方，アの「コーポレート・アイデンティティ」とは，企業が掲げる理念や事業内容，また企業の社会的責任などに基づいて自らの存在価値を体系的に整理し，改めて定めた理念やそれに基づく行動指針を企業内外で共有することによってより良い企業活動を行っていこうとするものである。よって，アが正解となる。

15 **出題テーマ** 創業，事業計画書

▶問1．正解はウ

■解説▶ 会社の目的や活動，構成や業務執行に関する基本規約・規則のことを定款といい，作成後は，公証人による認証を受ける必要がある。よって，ウが正解となる。アの設立登記は，税務署ではなく，法務局で登記を行うため，不適切である。イの商号は，所在地ではなく，会社名のことであることからこちらも適切ではない。

▶問2．正解は**事業計画書**

■解説▶ 事業の成長可能性やその実現に必要なアクションプランなどをまとめたものを事業計画書という。事業計画書には，事業のビジョンをはじめ，事業概要や具体的な戦略，成長可能性や資金計画などを記載することが一般的である。

▶問3．正解はイ

■解説▶ ビジネス・モデルとしての広告モデルとは，企業などに広告枠を提供することで，広告料を得るものであり，イが正解となる。アはフリーミアムモデルの説明であり，ウは消耗品モデルの説明であるため，適切ではない。

近年，ＳＤＧｓに関連した企業の取り組みが増えている。たとえば環境に配慮した作物の栽培方法を普及させたり，食料危機に備えて昆虫食を商品として開発するといった取り組みがある。また，再生可能エネルギーの使用を目指したり，フェアトレード証明のある原料以外を使用しないといった取り組みも増えている。これらＳＤＧｓへの取り組みは，持続可能な社会の実現を目指すことはもちろんであるが，それ以上に自社の価値やブランド力を向上させるものでもある。逆に言えば，ＳＤＧｓの目標に反するような活動があれば，企業には大きなダメージが与えられることになる。

▶問3．正解はウ

■解説▶ 製品やサービスの交換，ニーズのマッチングを実現する場を提供し，収益を生み出すビジネス・モデルを「プラットフォームモデル」といい，ウが正解となる。アの「フリーミアムモデル」は，最初に無料でサービスを提供し，より付加価値の高いサービスを後から有料で提供するビジネス・モデルである。イの「ライセンスモデル」は，書籍やソフトウェアなどのオリジナルの著作物や絵画やデザインなどの意匠物を引用・複製・転載する二次利用の権利を他社へ許諾し収益を得るビジネス・モデルである。

プラットフォームモデルは，「場」を提供することで収益を得るビジネス・モデルである。たとえばフリーマーケットアプリのように，売りたい人と買いたい人をつなぐ場を設定し，売買が成立したら手数料を得るというものである。ほかにもクラウドファンディングや人材紹介サービスなどもあてはまる。

〇ビジネス・モデルの例

物販モデル	自社で開発，製造した製品を販売することで収益を得る。
卸売・小売モデル	他社が製造した製品を仕入れ，販売することで収益を得る。
消耗品モデル	製品本体販売後に付随する消耗品の販売で収益を得る。
継続課金モデル	顧客からの継続的な課金によって収益を得る。
ライセンスモデル	著作物や意匠物の二次利用の権利を許諾することで収益を得る。
広告モデル	メディアやアプリなどさまざまな媒体で広告枠を提供し，収益を得る。
プラットフォーム モデル	製品やサービスの交換，マッチングの場を提供し，収益を得る。

1

問 1	問 2	問 3	問 4
限定合理性	イ	ウ	ア

2

問 1	問 2	問 3
ウ	顕　在　顧　客	ア

3

問 1	問 2
ウ	ウ

4

問 1	問 2
ア	ウ

5

問 1	問 2	問 3
ア	水平的分業	ウ

6

問 1	問 2	問 3
ウ	ア	イ

7

問 1	問 2	問 3
イ	ア	例　外　事　象

8

問 1	問 2	問 3	問 4
ア	イ	イ	福　利　厚　生

9

問 1	問 2	問 3
ウ	イ	ア

10

問 1	問 2	問 3
ウ	アウトソーシング	イ

11

問 1	問 2	問 3
イ	ウ	ア

12

問 1	問 2	問 3
ウ	イ	イ

13

問 1	問 2	問 3	問 4
ア	イ	ウ	オープン・イノベーション

14

問 1	問 2	問 3
ア	イ	メインバンク　　　　制

15

問 1	問 2	問 3
ア	イ	ア

16

問 1	問 2	問 3	問 4
プロジェクト　　　　組織	ウ	イ	ウ

1 **出題テーマ** 企業家活動の障壁

▶**問１．** 正解は**限定合理性**

■**解説**■ 限定合理性とは人間の認知能力には限界があり，限られた合理性しか持つことができないことである。Ｂ社長は合理的な行動をしようとしたが，急激な社会情勢の変化は予見できなかった。つまり，限定合理性があるため，経営が厳しくなったのである。

▶**問２．** 正解は**イ**

■**解説**■ 私たちは，事前に何が起こるかわからない不確実な社会に生きているため，すべての物事を計画どおりに進めることはできない。この不確実な状態のことをイの「不確実性」という。事故にあうことは事前に把握できないため，この状態を不確実性だと判断できる。なお，アの「効率性」とは，資源や財の配分について，無駄がある程度のことである。また，ウの「変動性」とは，ＩＣＴ，消費者のニーズ，価値観など私たちを取り巻くさまざまなことが急速に変化している状況のことをいう。

▶**問３．** 正解は**ウ**

■**解説**■ 慣性には，次のようなものがある

個人の慣性	個人にとって必然性がないにもかかわらず，習慣に基づいて行動すること。
組織の慣性	組織にとって必然性がないにもかかわらず，組織内で共有されるルールや規則，前例に則って組織がやるべきことを決定する傾向。
社会の慣性	社会にとって必然性がないにもかかわらず，社会で共有されるルールや規則，前例に則って社会がやるべきことを決定する傾向。

よって，本文にヘルメットをかぶるという変化に適応するために努力が必要だとあることからウの「個人の慣性」だと判断できる。

▶**問４．** 正解は**ア**

■**解説**■ ヘルメットをかぶらせるという変化に対しては努力が必要であり，不安や苦痛を伴う。不安や苦痛を上回る便益を消費者や支持者などに対して開示し，実現できれば，変化させることも可能となる。よって，アが正解である。

2 **出題テーマ** ビジネスの創造

▶**問１．** 正解は**ウ**

■**解説**■ 有用性とは顧客のニーズ充足や課題解決について提供する価値が高いことをいう。よって，ウが正解となる。

▶**問２．** 正解は**顕在顧客**

■**解説**■ 顧客には，すでに商品を購入してくれている顕在顧客，また購入していないが購入してくれる可能性がある潜在顧客，まだ存在していないが将来必要としてくれる未知の顧客がいる。下線部(b)に実際に取引している顧客とあるため，顕在顧客であると判断できる。

▶**問３．** 正解は**ア**

■**解説**■ 携帯電話のような新しい市場では，潜在顧客や未知の顧客を顕在顧客にしなければならない。イは携帯電話サービスについて認識していない未知の顧客に対して携帯電話の有用性を認識させている。ウは携帯電話サービスは認識しているがまだ利用していない潜在顧客に対して，利用をためらっている要因を取り除くことにより顕在顧客へと導いている。アはすでに携帯電話を利用している顕在顧客に対して，満足度を向上させる施策を行っているが，未知の顧客や潜在顧客に対して有効な施策ではないため，下線部(c)の説明としては適切ではないといえる。

3 **出題テーマ** 事業創造，創業

▶**問１．** 正解は**ウ**

■**解説**■ 新たに企業が設立される場合，事業創造はウの「創業」または起業と呼ばれる。なお，アの「イノベーション」とは，社会に経済的な革新が起こる現象のことであり，イの「協働」とは同じ目的のために，対等の立場で協力してともに働くことである。

▶**問２．** 正解は**ウ**

■**解説**■ 新たなビジネスを立ち上げるときには，思いつきやひらめきであるアイディアを洗練化し，「事業計画書」にまとめる必要がある。この「事業計画書」は①事業者の経歴②事業のビジョン③事業の概要④事業戦略⑤売上・収支予想⑥資金計画からなる。下線部(b)をこれに当てはめると①Ａさんの略歴②ラーメン店のビジョン③ラーメンの内容，想定される顧客の特徴④今後の戦略⑤収支予想となる。よって，正解はウとなる。なお，アの稟議書とは自身の裁量・権限で決定できない事項について，上層部からの承認を得るための書類であり，イの定款とは会社の目的や活動，構成や業務執行に関する基本規約・規則である。

4 **出題テーマ** ファイブ・フォーシズ分析

▶**問１．** 正解は**ア**

■**解説**■ 利益ポテンシャルとは，まだ得ていない利益を含む潜在的な収益機会のことである。なお，イは未実現利益，ウは見込利益の説明である。

▶**問２．** 正解は**ウ**

■**解説**■ 本文から，Ａ社をファイブ・フォーシズ分析すると，次のようになる。

対抗度	B社やC社など知名度が高い企業
売り手	ワインやデザートの仕入業者
買い手	一般消費者
代替品	冷凍食品などの内食，持ち帰りの中食
新規参入	ブランド力，認知度，市場シェアから新規参入は難しい

よって，ウが正解である。

5 **出題テーマ** 組織のマネジメント，分業，調整

▶**問1．正解はア**

■**解説**▶ アの「アダム・スミス」は『国富論』において，分業による，高い生産性の実現が経済発展の基礎となったと述べている。なお，イの「ヨーゼフ・シュンペーター」はイノベーションを軸に景気循環の理論を展開した。ウの「ジョン・メイナード・ケインズ」は『雇用・利子および貨幣の一般理論』を著した経済学者で，不況や失業を克服するためには，政府が積極的に経済に介入するべきであるとの立場をとり，1970年代までマクロ経済学の主流をなした。

▶**問2．正解は水平的分業**

■**解説**▶ 同じ立場であるコーチ同士の分業なので「水平的分業」となる。なお，一方が指示し，もう一方が指示を受ける上下の権限関係は垂直的分業という。

▶**問3．正解はウ**

■**解説**▶ 組織成員に振り分けたタスクを調整する方法は，アの「事前の調整」と，事後の調整に分けることができる。事後の調整は，さらに，上司などの権限を持つ者が行うウの「垂直的調整」と同じ階層における組織成員どうしが連携して行うイの「水平的調整」に分けられる。本文では試合開始後の監督から選手への調整であるため，「垂直的調整」となる。よって，ウが正解となる。

6 **出題テーマ** 事業ライフサイクル，多角化

▶**問1．正解はウ**

■**解説**▶ 時間の経過と事業の売上の関係を捉えたものを事業ライフサイクルという。事業ライフサイクルでは，導入期→成長期→成熟期→衰退期という四つの段階に事業の段階を分類する。「導入期」は新たに事業を始め，売上が成長し始める前までの時期，「成長期」は事業の売上や利益が急速に増加する時期，「成熟期」は売上の成長率が鈍化し始め，利益が少なくなっていく時期，「衰退期」は事業の売上が激減し，多くの企業が利益を得られなくなる時期となる。本文で，市場の成長率は鈍化傾向にあり，利益が徐々に少なくなっているとあることから，ウの「成熟期」であると判断できる。

▶**問2．正解はア**

■**解説**▶ ビジネスの拡大は，成長の方針から次の四つに分類することができる。

市場浸透	既存の商品を使って既存の市場で成長していく方針
新商品開発	新たな商品を既存市場で出すことで成長していく方針
新市場開拓	新たな市場に既存商品を出すことで成長していく方針
多角化	新たな市場で新たな商品を出して成長していく方針

下線部(b)は「多角化」であるため，アが正解だと判断できる。

▶**問3．正解はイ**

■**解説**▶ 多角化の動機には，既存事業の停滞，リスクの分散，シナジー効果の実現がある。本文にブライダル事業は利益率が高かったが，以前ほどの勢いがないと記述されている。ブライダル事業でのみ利益を得る構造であれば，リスクが大きかったといえるだろう。よって，正解はイとなる。なお，アはシナジー効果の実現であるが，本文でA社の各事業においてシナジー効果を得ている内容はみつからない。また，ウはPPMの負け犬の説明である。

7 **出題テーマ** 組織のマネジメント，調整

▶**問1．正解はイ**

■**解説**▶ 事後の調整とは，行動プログラムに想定されていない例外事象への対応方法である。アおよびウは問題が生じた場合にどのように対応するかをあらかじめ決めているため，事前の調整といえる。イは悪天候が事前に起こると想定していない状況での調整であるため，事後の調整だと判断できる。

▶**問2．正解はア**

■**解説**▶ 行動プログラムを体系的に整備したものをアの「マニュアル」という。なお，イの「ハンドブック」とは，ある分野の，よく使う項目を簡潔にまとめたものであり，ウの「リスト」とは，目録のことで，物の所在を明確にする目的あるいは物の譲渡などが行われる際に作成される，品名や内容，数量などを書き並べて見やすくした文書のことである。

▶**問3．正解は例外事象**

■**解説**▶ 行動プログラムで想定されていないことは，例外的なことであるため，「例外事象」という。

8 **出題テーマ** 人的資源のマネジメント，昇進・昇格

▶**問1．正解はア**

■**解説**▶ 「職能資格制度」は日本で最も普及している賃金

制度で，職能資格（等級）と賃金を結び付けた表（号俸表）によって賃金を支払う制度である。アが職能資格制度を表しているため，正解となる。職能資格は勤務年数によって徐々に上がるようにもできているため，実質的にこの「職能資格制度」により年功序列型賃金が形成されている。イは成果主義型の賃金の支払い方法であり，ウは出来高制や歩合給といった賃金の支払い方法である。

▶問2．正解は**イ**

■解説▶ 昇進と昇格の違いはイにある通りである。アは逆のことを述べており，ウは「転職」と「出向」を意味している。

昇進	課長から部長など，役職が上がること
昇任	主に公務員の世界での「昇進」
昇格	号俸が上がり給料が上がること
昇級	主に公務員の世界での「昇格」
昇給	給料が上がること，「昇格」と「ベースアップ（ベア）」がある

Point 「昇進」，「昇格」の違いのほか，「職能資格制度」，「号俸表」など，賃金制度について，しっかり理解しておこう。

▶問3．正解は**イ**

■解説▶ アの「企業別労働組合」とは，企業ごとに組織された労働組合のことである。欧米では，産業別や職業別に労働組合が組織されることが多いが，日本では「企業別労働組合」が一般的である。イの「年功序列」は勤務年数に応じて，賃金や地位が上がる慣行のことである。日本では一般的であるが，他国では，能力や成果によって賃金や地位が決まることが普通である。よって，正答はイである。ウの「終身雇用」は，一度採用した従業員を定年退職まで雇用を続ける慣行のことである。これも日本では一般的なことであるが，他国では，業績や景気が悪化すれば，従業員を解雇することは普通に行われる。この「企業別労働組合」，「年功序列」，「終身雇用」によって，日本的な経営が形作られている。

▶問4．正解は**福利厚生**

■解説▶ 下線部(d)のような賃金以外の方法で企業が従業員に提供する報酬を「福利厚生」という。福利厚生には，健康保険や厚生年金保険などの使用者が負担することが法律で義務付けられた法定福利と，企業が独自に設定する社宅の提供や娯楽に対する援助，扶養家族に対する援助などの法定外福利がある。就職活動において企業を選択するときには，賃金だけではなく，福利厚生についても確認することが重要である。

Point 福利厚生については，種類や内容のほか，その意義についてもしっかり押さえておこう。

⑨ 出題テーマ 人的資源のマネジメント，賃金制度

▶問1．正解は**ウ**

■解説▶ 月給として，毎月支払われる賃金は基本給と諸手当である。諸手当には一定の金額が支払われる固定的諸手当と月によって金額が変動する変動的諸手当がある。その例は次のとおりである。

基本給	職能給，年齢給，勤続給など
固定的諸手当	役職手当，住宅手当，通勤手当など
変動的諸手当	休日手当，残業手当など

すべてを満たしているのはウであり，これが正答である。

▶問2．正解は**イ**

■解説▶ 企業は従業員に対する支援として，税金の納付を代行する。また，これは行政に対する責任でもある。所得税は国税であり，給与から所得税を差し引き税務署に納付する制度を源泉徴収制度という。また，住民税は地方税であり，地方税を給与から差し引き，納付を代行する制度を特別徴収制度という。よって，正答はイである。

▶問3．正解は**ア**

■解説▶ それぞれの保険料は，従業員の所得から計算され，所得に比例して保険料が決まる。よって，正答はアである。正規雇用されている労働者は，保険料の一部から半額を企業が負担することが法律で決められている。

⑩ 出題テーマ 物的資源のマネジメント，取引関係のマネジメント

▶問1．正解は**ウ**

■解説▶ 企業が自前で部品などを製造することをウの「内製」といい，ほかの企業から購入することをアの「外注」という。よって，正解はウとなる。「内製」と「外注」の選択についてはコストの面のみではなく，製品の品質や納期の長短，自社の技術などを公開するか秘匿するかといった問題によって決まる。イの「特注」は，定番ではない製品を特別に注文することである。

▶問2．正解は**アウトソーシング**

■解説▶ 下線部(b)のように内製していた部品を外注に切り替えるなど，外部の資源を活用することを「アウトソーシング」という。経済が低成長に転じた1990年頃から，企業が本業以外の業務を他企業に「アウトソーシング」し，本業に集中する動きが加速した。

▶問3．正解は**イ**

■解説▶ イにある通り，安定的かつ，ある程度，独占的な

企業間の関係を系列といい，これには資本関係の有無は関係ない。その系列間の取引を「系列取引」という。よって，正答はイである。アは子会社，関連会社との取引のことであり，子会社や関連会社も系列に含むことが多いが，系列は資本関係が無い企業間にも存在するため，イのほうがより適切な解答であると考えられる。企業においてはウのような取引は，一般的にはあまり行われない。

11 出題テーマ 財務的資源のマネジメント，財務分析
▶問1．正解はイ
解説 「自己資本利益率（ＲＯＥ）」は，当期純利益を，株主からの出資額と過去の利益を内部留保した金額の合計である自己資本で割って求める。効率的に経営を行っているかを判断する目安になっており，上場会社であれば，ＲＯＥの高い企業は安心して投資できる会社と判断される。業種にもよるが10％以上あることが望ましいとされている。アとウはともに意味のない誤りであるが，アの前半部分の「企業が保有するすべての資産」は総資産を，ウの前半部分の「金融機関から借り入れた資金」は他人資本（負債）を表している。

▶問2．正解はウ
解説 売上高利益率は，利益を売上高で割って求める。本文では，ＲＯＥを話題にしているため，利益は当期純利益として考えることが妥当である。売上高が一定であることを前提に売上高利益率を上げるためには当期純利益を増やすことが必要であり，そのためには費用を削減しなければならない。費用の削減について述べているウが正答である。アは売上高に直接影響を与えるものであり，下線部(b)の主旨と反している。イは負債を増加させることであり，売上高利益率とは直接関係はない。

▶問3．正解はア
解説 自己資本（純資産）は資本金と利益剰余金，資本剰余金から構成される。自己資本を減少させる手段としては，利益剰余金を配当金として処分することが一般的である。土地の売却や借入金の返済は，直接的に自己資本に影響を与えるものではない。

12 出題テーマ 情報的資源のマネジメント，知識
▶問1．正解はウ
解説 ＰＥＳＴ分析を意識した出題である。それぞれの要因は次の表のとおりであり，これらのことからウが正答であることが導ける。

政治的要因	政策の変更，法律や規制の変更など
経済的要因	景気動向，金融政策の変更など

社会的要因	社会の風潮，流行など
技術的要因	新技術や代替技術の登場など

▶問2．正解はイ
解説 本文の下線部(c)，および，その前後を読むことによって，自社の典型的な顧客像を再確認しようとする作業であることが理解できる。このことから正答がイであることが分かる。ターゲット顧客を設定するには選択肢のア→イ→ウの段階を踏まえるとよい。

▶問3．正解はイ
解説 アは顕在顧客，イは潜在顧客，ウは未知の顧客の説明である。潜在顧客とは，自社の製品やサービスを知らないためにまだ顧客になっていない顧客や，自社の製品やサービスを向上させれば顧客になるであろう顧客のことである。顕在顧客は取引をしている顧客であり，未知の顧客は，現在は自社の製品やサービスを必要としていないが，将来は顧客となる可能性がある顧客のことである。

13 出題テーマ 情報的資源のマネジメント，知的財産
▶問1．正解はア
解説 自社の持つ特許を他社に供与したり，無償で技術内容を公開したりすることをアの「オープン戦略」という。それに対し，自社の特許を他社に供与せず独占的に利用することや，あえて特許を取らず技術を秘匿することをウの「クローズ戦略」という。イの「多角化戦略」は企業が多方面分野の事業を行うことである。

▶問2．正解はイ
解説 オープン戦略のメリットは市場の拡大である。技術をオープンにすることにより，その技術を採用する企業が増加し，その技術を利用した製品が市場に普及するなどの，市場の拡大が期待できる。市場が拡大すれば，部品や周辺機器などに関するコストが下がることが期待できる。アとウについては，一般的にはあり得ないことを述べた誤りである。

▶問3．正解はウ
解説 会計の分野でも，企業の合併や買収の際に，企業の持つブランド力を「のれん」という勘定で無形固定資産とすることがある。このようにブランドは資源であり，無形の情報的資源であると考えられる。アはブランドを人的資源としているので誤りである。イのようにブランドを高級なもののみを表す言葉として用いるのは誤りである。

▶問4．正解はオープン・イノベーション
解説 組織の枠組みを超えて，知識や技術などを結集して新しい技術や製品を創造することを「オープン・イノベーション」という。かつては，企業は独自の技術が外部に流出することを避ける傾向にあったが，技術が成熟した今

日では，多くの英知を結集することがイノベーションを起こすためには不可欠であると考えられるようになり，積極的に外部との連携を行うようになった。オープン・イノベーションに含まれる概念に産学協働というものがある。産学協働とは，企業と大学や研究機関が共同することである。産学協働を仲介する機関を「TLO」という。加えて，近年では，産（企業），学（大学，研究機関）に官（行政）を加えて，産学官協働や産学官連携という言葉が使われるようになった。

14 出題テーマ 社外取締役，メインバンク

▶問1．正解はア

解説 株主は株主総会において，取締役の選任や解任の権限を持つことで，自らが会社に対して直接的に牽制しているため，アが正解となる。イについては，株主総会において，定款の変更や利益処分について決定することは間違いではないが，得意先との契約更新のような日常的な取引に関する事項については，取締役会に委ねられている事項であるため誤りである。ウの所有と経営の分離についても，創業者が株主であり，企業経営を行う取締役といったケースもあるため説明として誤りである。

> **Point** 「所有と経営の分離」は，会社の所有者である株主と実際に経営を行う経営者が分離することである。企業の創業時は，創業者が出資者であり，経営者でもあるため所有と経営が一致している場合が多いが，企業規模が大きくなるにつれて，株主と経営者が分かれていくことが一般的である。ただし，中小企業の場合は，代表取締役である社長が筆頭株主のままであることも多い。この場合，企業経営の努力として利益が計上された場合，株主である社長にもリターンがあり，モチベーションの向上につながったり，意思決定をスムーズに行うことができるというメリットがある。一方，所有と経営の分離が進むことで，企業経営において外部からの視点も加わり，ガバナンス体制が強化されるというメリットもある。

▶問2．正解はイ

解説 独立社外取締役とは，一般株主と利益相反が生じる恐れのない社外の人材が取締役に就任することで，株主による間接的牽制を可能にするもので，イが正解となる。アやウのように出向から戻った役員を取締役に任命したり，取締役に関連会社への勤務を命じることも自社の経営に役立てるための手段としては行われているものであるが，独立社外取締役の説明としてはいずれも不適切である。

▶問3．正解はメインバンク制

解説 日本特有の金融機関と企業の関係性のことをメイ

ンバンク制という。企業経営において，金融機関とのつながりはとても重要であり，特に融資を行っている金融機関の経営に対する発言力は強い。また，複数の金融機関と取引を行うことが一般的であるが，その場合は，融資額が最も大きい銀行がメインバンクとされることが多い。ほかにも独立社外取締役として，金融機関の社員が任命されることもあり，企業側も外部からの視点だけでなく，金融機関とのパイプ役としての役目を担ってもらうことを目的としている。

15 出題テーマ ステークホルダー

▶問1．正解はア

解説 キャピタルゲインとは，保有している株式を売却することで得られる値上がり益のことであり，アが正解となる。

キャピタルゲイン	株式売却による値上がり益
インカムゲイン	株式保有による配当金など

▶問2．正解はイ

解説 職場内での嫌がらせなどを総称して「ハラスメント」といい，イが正解となる。アの「ワークライフバランス」とは，仕事と私生活の調和をとることであり，ウの「ダイバーシティ」とは，従業員の個性や勤務形態などの多様性のことである。

〇ハラスメントの例

セクハラ	セクシュアル・ハラスメントのことであり，性的な言動をくり返し，人格や尊厳を侵害すること。
パワハラ	パワー・ハラスメントのことであり，職権を乱用し，職務の範囲を超えて，人格や尊厳を侵害すること。
モラハラ	モラル・ハラスメントのことであり，言葉や態度などで不当な行為をくり返し，人格や尊厳を侵害すること。
アルハラ	アルコール・ハラスメントのことであり，飲酒の強要や一気飲ませなど飲酒に絡む嫌がらせや迷惑行為全般のこと。
ジェンハラ	ジェンダー・ハラスメントのことであり，個人の能力や特性を無視して，男らしさや女らしさという基準で差別的な言動をしたり，相手を非難すること。

▶問3．正解はア

解説 製造物の欠陥により損害が生じた場合に，製造業者の責任について定めた法律のことを「製造物責任法」（PL法）といい，アが正解となる。イの「特定商取引法」は，事業者による違法・悪質な勧誘行為などを防止し，消費者の利益を守ることを目的とする法律であり，ウの「消費者契約法」は，消費者が事業者と契約をするとき，消費者の

利益を守るために不当な契約などを無効にすることを定めた法律である。

> **Point** 製造物責任法（ＰＬ法）は，製造物の欠陥が原因で生命，身体または財産に損害を被った場合に，被害者が製造業者などに対して損害賠償を求めることができることを規定している。なお，ＰＬ法の対象は，「製造又は加工された動産」であり，サービス，不動産，加工がされていないもの，プログラムといった無体物は，対象にはならない。

---

16 **出題テーマ** プロジェクト組織，創業

▶**問1．** 正解は**プロジェクト**組織

解説 特定の目的を果たすために編成される部門のことをプロジェクト組織という。プロジェクト組織においては，さまざまな部署から適任である者が選出されることが一般的である。

▶**問2．** 正解は**ウ**

解説 株式会社を設立する場合，定款作成→定款の認証→登記という流れで行われるため，ウが正解となる。アの商号は重要な定款の記載事項であるが，株主総会において定款の変更を行うことができれば，変更することも可能である。イの事業目的についても定款の記載事項であるが，定款の変更は大変であるため，すぐに行うか否かを問わず，今後予想される事業内容も含めて記載しておくことが一般的であり，説明は正しくない。

> **Point** 商号や事業目的は定款の絶対的記載事項であり，必ず記載することが求められている。そのため，商号や事業目的を変更する場合は，定款を変更するために，株主総会を行う必要がある。また，事業目的に記載されていない事業は行うことができないため注意が必要である。たとえば，ある旅行会社の事業目的に「警備に関する事業」という記載があるが，これは観光関係のイベントを企画・運営した際に，イベント会場で行う警備や誘導などの事業を行うために必要となるからである。ただし，最初からこのような細かな事例までを想定することは難しいため，事業目的の最後には，「前各号に付帯関連する一切の事業」という一文を入れることが多い。これにより事業目的に記載した各事業を行う際に，関連する事業もその事業の一部としてみなすことができる。

▶**問3．** 正解は**イ**

解説 「スタートアップ」とは，創業することを意味するため，イが正解となる。アの「ビジネス・モデル」は，ビジネスを行ううえで，対象顧客，提供価値，提供方法と

その仕組みを組み合わせたものをいう。ウの「イノベーション」とは，モノや仕組み，サービス，組織，ビジネス・モデルなどに新たな考え方や技術を取り入れて新たな価値を生み出し，社会にインパクトのある革新や刷新，変革をもたらすことである。

▶**問4．** 正解は**ウ**

解説 経営陣自らが事業買収を行うことを「ＭＢＯ」というため，ウが正解となる。アの「Ｍ＆Ａ」は企業の合併・買収の総称である。イの「ＴＯＢ」は，株式公開買付けのことで，不特定かつ多数の者に対して買付価格や期間などの公告などを通じて，その保有する株券などを売ってくれるように勧誘し，取引所外でそれらの株券などを買い付けることである。

> **Point** ＭＢＯとは，Management Buyoutの略称であり，会社の経営陣が，自ら自社の株式や一事業部門を買収し，会社から独立する手法である。一般的には，グループの経営方針により親会社が子会社や一事業部門を切り離す際，第三者に売却せず，経営陣がその株式を取得し，会社から独立するために用いられることが多い。

1	問1	問2	問3	問4
	イ	ア	ウ	改善

2	問1	問2			
	ア	少	子	高	齢	化

3	問1	問2
	ア	イ

4	問1	問2	問3	問4
	ア	イ	イ	ツー・ボス・システム

5	問1	問2	問3	問4
	イ	ア	ウ	残存者利益

6	問1	問2			問3	問4
	ア	O	J	T	ア	ウ

7	問1	問2	問3
	ア	ウ	イ

8	問1	問2	問3	問4
	イ	イ	ジャスト・イン・タイム	ア

9	問1	問2	問3
	ア	ウ	ア

10	問1				問2	問3
	P	E	S	T　分析	ア	イ

11	問1	問2	問3
	エ	イ	ア

12	問1									問2	問3	問4
	コ	ン	プ	ラ	イ	ア	ン	ス	ウ	イ	ウ

13	問1	問2	問3
	イ	ウ	リスク・マネジメント

14	問1	問2	問3	問4
	イ	イ	ア	メインバンク

15	問1		問2	問3
	ターゲット	顧客	ア	イ

① 出題テーマ　事業創造，ＰＤＣＡサイクル

▶問1.　正解はイ

解説 事業創造には，基本方針が必要であり，この決定のためには現状の把握と達成したい経営目標を決定したうえで，現状と経営目標とのギャップを確認することが必要である。このギャップを埋めるのが戦略となる。基本方針とは，製品やサービスをどこで，誰に，いつ，何を，なぜといったことを決定することである。よって，イが正解となる。なお，アは事業計画書，ウは４Ｐ政策の説明である。

▶問2.　正解はア

解説 下線部(b)にはＡ社が達成したいことが書かれているため，アの「経営目標」だと判断できる。

▶問3.　正解はウ

解説 戦略には，優先順位や実行順序を考慮したアクションが必要である。本文よりＡ社は①主なメニューはハンバーグのみとして一括仕入により仕入価格を交渉しやすくした。②新設した工場で安全管理を徹底し，消費者から信頼を得た，とあることから判断する。よって，ウが正解となる。

▶問4.　正解は改善

解説 当初はロードサイドに出店するという戦略を取っていたが，需要の多さから市街地への出店を行った。ＰＤＣＡサイクルにおける「改善」を行ったといえる。

② 出題テーマ　規制緩和，少子高齢化

▶問1.　正解はア

解説 「規制緩和」とは民間の自由な経済活動を促進し，経済の活性化を目的とするために，政府が関与し，民間の活動を阻害する要因を取り除くことである。よって，アが正解となる。なお，イはグローバル化，ウは地域活性化の説明である。

▶問2.　正解は少子高齢化

解説 人口に占める高齢者の割合が増加する高齢化と，出生率の低下により若年者人口の減少する少子化が同時に進行する状態を少子高齢化という。

③ 出題テーマ　イノベーション，事業創造，ＶＲＩＯ分析

▶問1.　正解はア

解説 アの「ダイナミック・ケイパビリティ」とは，環境の変化に応じて既存の中核能力を新たな中核能力へと変えていく能力である。なお，イの「コア・コンピタンス」とは競合企業と比較して独自性が高く，他社が容易に模倣できない製品やサービスを提供できる能力であり，ウの「アニマル・スピリット」とは血気または野心的な意欲，非合

理的なものに挑戦する意欲のことである。

▶問2.　正解はイ

解説 本文より，低価格で質の高い商品は顧客にとって価値が高いので競争優位につながる。また，生産から販売まで一貫していて生産調整に対応しやすい体制は希少性が高く，他社との競争力で拮抗せずにすむ。ＳＰＡというビジネス・モデルは模倣可能性が低いので，すぐに模倣されることはなく，一時的には競争優位を保つことができる。販売拠点が海外にまであり適切な教育を行っているため，価値，希少性，模倣可能性における競争優位を持続的な状態とする組織体制が整っているといえる。イでは希少性が高く，競争力を常に拮抗させることができるとあるが，希少性によって他社と拮抗しないことを目指しているため，適切ではないといえる。

④ 出題テーマ　組織のマネジメント，組織形態

▶問1.　正解はア

解説 組織内部における部門の構成を組織形態という。よって，アが正解となる。なお，イは作業形態，ウは勤務形態の説明である。

▶問2.　正解はイ

解説 経営者のすぐ下の部門が製造や販売などの職務ごとに編成される組織を「機能別組織」といい，イが正解となる。製品や地域ごとにそれぞれが利益責任単位となり編成される組織をアの「事業部制組織」，行と列という二つの方向から管理する組織をマトリックス組織という。

▶問3.　正解はイ

解説 マトリックス組織は，機能別組織と事業部制組織を融合した組織で，両者の長所を同時に追求している。アは機能別組織の長所，ウは事業部制組織の長所であるがマトリックス組織ではこの長所を同時に追求できる。なお，イはホラクラシーの長所であるため，ここでは適切ではない。

▶問4.　正解はツー・ボス・システム

解説 マトリックス組織は二人の上司がいるため，ツー・ボス・システムと呼ばれる。二人の上司がいるため部下がどちらの命令に従えばよいか混乱するという問題が生じる。経営者や管理者はこの問題に配慮した運営が必要となる。

⑤ 出題テーマ　組織のマネジメント，ＰＰＭ

▶問1.　正解はイ

解説 本文より，Ａ社は宝石を削る独自の技術，つまりコア・コンピタンスを活用している。したがって，Ａ社の

ビジネスの拡大は，コア・コンピタンスを活用した関連型多角化だといえる。よって，イが正解となる。

▶**問2．正解はア**

■**解説**▶ 既存事業から撤退する際には，雇用問題，責任問題，信用問題といった撤退障壁に直面する。ウは雇用問題に関する記述であるが，取引先企業の社員のモラールの低下を引き起こすとあるため，正解ではない。アは信用問題，イは責任問題に関する記述であるが，当時の社長が世界にレコードが世界に何十億枚も残っていることから撤退しないと言っていることから，アを正解とすることが最も適切である。

▶**問3．正解はウ**

■**解説**▶ ＰＰＭの各セルにおける事業の特徴は次のとおりである。

問題児	相対市場シェアが低いが，市場成長率が高い事業
花形	相対市場シェアが高く，さらに市場成長率も高い事業
金のなる木	相対市場シェアは高いが，市場成長率が低い事業
負け犬	相対市場シェアが低く，さらに市場成長率も低い事業

本文に「その市場シェアはほとんどなかったが，今後の市場拡大が見込まれる」とあることから，ウの「問題児」だと判断できる。

▶**問4．正解は残存者利益**

■**解説**▶ レコード針市場におけるＡ社が得た利益のように，縮小傾向にある市場において，競合企業が撤退した後に，生き残った少数の企業だけが市場を寡占することで得られる利益を残存者利益という。

⑥ **出題テーマ** 人的資源のマネジメント，訓練・異動・昇進

▶**問1．正解はア**

■**解説**▶ アにあるように，さまざまな経験を積むことで，従業員は自己理解と企業の全体像の把握，企業は従業員の特性や能力の把握ができ，適正配置の実現につながることが，短いペースでの異動の目的である。地域や部署による人気の差がある企業は多いが，企業は不公平感が起きないように努めているため，賃金や待遇の格差という点などからイは誤りである。ウについては，短いペースでの異動はマンネリ化や業者との癒着などを防ぐ面で効果があると考えられるが，「常に未熟な状態で職務を行うことで適正配置が実現」というところが誤りである。

▶**問2．正解はＯＪＴ**

■**解説**▶ 企業における訓練には，実際の職務の現場で，職務を通して行われるＯＪＴ（オン・ザ・ジョブ・トレーニング）と，研修所や会議室など職務の現場を離れて，講師によって行われるOff－ＪＴ（オフ・ザ・ジョブ・トレーニング）の２種類に大別される。入社後，間もない若手社員には，ＯＪＴを基本とし，Off－ＪＴで補う形で訓練を行うことが多い。

▶**問3．正解はア**

■**解説**▶ 日本の企業は入社後10年程度までは，同期入社社員の昇進，昇格に差を付けず，同じスピードで昇進，昇格させることが多い。これは，早く昇進した社員はモチベーションが上がる反面，昇進が遅れた社員はモチベーションが下がってしまうことで，遅咲きではあるが有能な社員の能力が生かせない可能性や，そのような社員の転職を招いてしまう可能性があるからである。よって正答はアである。「遅い昇進」の短所は，イのような競争が活発になることによる活性化が起きづらいことや，ウのような幹部候補者への集中的な訓練ができないことであり，それぞれ誤りである。

	長所	短所
遅い昇進	モチベーションの維持	幹部候補者に対する教育の遅れ
ファスト・トラック型	幹部候補生の育成	幹部候補生以外のモチベーションの低下

▶**問4．正解はウ**

■**解説**▶ ウのように，部署が募集（公募）し，社員が応募する制度が「社内公募制度」である。アのように部署の公募の有無にかかわらず，社員が自らの意思で異動希望を提出できる制度を社内フリーエージェント制度（社内ＦＡ制度）という。イは日本企業の一般的な異動のことを述べている。企業は適正配置を目指して異動を行うが，それが社員の希望と異なってしまうと，社員の不満が高まるという短所があり，社内公募制度などにつながっている。

⑦ **出題テーマ** 人的資源のマネジメント，リーダーシップ

▶**問1．正解はア**

■**解説**▶ リーダーシップの基本的な分類として，タスク志向と人間関係志向がある。タスク志向とは目標とそれを達成するまでの手順を示すリーダーシップであり，人間関係志向とは組織の人間関係を良好なものにしようとするリーダーシップである。下線部(a)には目標と手順が示されているところから正答がアであることが分かる。タスク志向と人間関係志向はどちらか一方を選択するものではなく，この大会の活躍には，若手とベテラン選手を効果的に配し，人間関係を良好に保ったことも原因であるともいわれ，この部分は人間関係志向のリーダーシップといえる。また，

環境の変化や組織の危機に直面した場合に求められるものがウにある変革型リーダーシップである。

▶問2．正解は**ウ**

■解説▶ 「コンフリクト（conflict）」は対立，争い，軋轢などの意味を持つ英語である。よって，ウが正解となる。組織において，メンバー間や部門間のコンフリクトは避けては通れない問題である。コンフリクトの解決はリーダーの大きな課題である。

▶問3．正解は**イ**

■解説▶ たとえばサッカーチームのリーダーは監督やコーチであるが，試合中の戦術の細かな部分の変更についてはキャプテンなどに任せることがある。このようにリーダーの権限を分担することを「シェアド・リーダーシップ」という。よって，正答はイである。アはカリスマ的リーダーシップ，ウはサーバント・リーダーシップと呼ばれるリーダーシップの説明である。

8 出題テーマ 物的資源のマネジメント，生産管理

▶問1．正解は**イ**

■解説▶ 材料費，労務費，イの「経費」を，原価の三要素という。材料費と労務費に含まれない製造費用はすべて経費として捉える。アの「販売費及び一般管理費」は製造にかかる費用ではないので製造原価ではない。ウの「減価償却費」は経費の内訳の一つである。

▶問2．正解は**イ**

■解説▶ 複数の製品を製造している場合，特定の製品にのみ関わっていることが特定できる原価が製造直接費であり，複数の製品の製造に関わっている原価が製造間接費である。間接費をそれぞれの製品に配分する作業（配賦）が原価計算の中心的な作業である。アの販売にかかった費用は販売費であり，製造原価ではない。ウは原価計算における本社と工場との間の取引を意識した誤りである。

▶問3．正解は**ジャスト・イン・タイム**

■解説▶ 下線部(b)にある「必要なものを，必要なときに，必要なだけ生産する」という点から，「ジャスト・イン・タイム」という正答を導くことができる。「ジャスト・イン・タイム」を行うために用いたものが「カンバン」であり，「ジャスト・イン・タイム」をカンバン方式などと表現することもある。

▶問4．正解は**ア**

■解説▶ 「ジャスト・イン・タイム」は必要な量と期限を「カンバン」に記入し，前工程に渡し，前工程がそれに合わせて生産するというものであった。それまでは，後の工程からの要求にすぐに応えられるように，常に多めの在庫を用意しておくことが常識であり，つくり過ぎのムダや在庫のムダが常態的に存在していたが，カンバンを用いるこ

とで，それらが解消された。そして，この方法や考えを流通経路全体（サプライ・チェーン）に拡大したものが，「サプライ・チェーン・マネジメント」である。イの「オムニチャネル」は店舗販売とインターネット販売などの複数の流通チャネルを融合させる取り組みであり，ウの「インダストリアル・エンジニアリング」は生産工程を作業内容などを分析することにより科学的に管理する手法のことで頭文字からIEなどと呼ばれる。

9 出題テーマ 財務的資源のマネジメント，財務分析

▶問1．正解は**ア**

■解説▶ 流動比率は流動資産÷流動負債で求めることができる。よって，アが正解となる。流動資産は現金，および，1年以内に現金化することができる資産のことであり，流動負債は1年以内に支払期限が到来する負債のことである。かつては200％以上であることが求められたが，現在では100％を下回らないことが目安といわれている。イは当座比率であり，流動比率よりも即時の支払能力を，ウは固定比率であり，長期の支払能力を示すもので，ともに企業の財務の安全性を計る指標である。

▶問2．正解は**ウ**

■解説▶ 「金融派生商品（デリバティブ）」は先物取引，オプション取引，スワップ取引などから構成される。よって，ウが正解となる。これらの取引は，本来，リスクヘッジ（危険回避）を目的に行われる取引であったが，金融の多様なニーズに合わせる形で，さまざまな金融派生商品に発展し，リスクヘッジのみならず，ハイリターンな投資商品としても活用されている。アのヘッジファンドは機関投資家向けの投資ファンドの一種であり，REITは不動産を利用した投資信託である。イのワラント債と転換社債は株式の取得や株式への転換ができる債券であり，株式投資の収益性と債券の安全性を兼ね備えた債券である。

▶問3．正解は**ア**

■解説▶ キャピタルゲインは値上がりした株式を売却することによって得られる利益のことであり，インカムゲインは利益の分配である配当による利益のことである。よって，アが正解となる。ともに株式投資により得られる利益である。株式を所有することで経営に関わることはできるが，インカムゲインとは関係ないのでイは誤りである。また，インカムゲインにも課税されるので節税の効果はなくウも誤りである。

10 出題テーマ 情報的資源のマネジメント，知識

▶問1．正解は**PEST分析**

■解説▶ 情報を整理する枠組みとなるものをフレームワークといい，次のものがある。

SWOT分析	内部環境と外部環境をプラス面とマイナス面に分けて分析する手法
PEST分析	マクロ的な外部環境を政治，経済，社会，技術の四つの要因から分析する手法
ファイブ・フォーシズ分析	自社を取り巻く外部環境を対抗度，新規参入，売り手，買い手，代替品から分析する手法
VRIO分析	内部環境を価値，希少性，模倣可能性，組織から分析する手法
3C分析	競合と顧客(外部環境)，自社(内部環境)という三つのCから分析する手法

PEST分析の「PEST」は政治（Politics），経済（Economy），社会（Society），技術（Technology）の頭文字である。

▶問2．正解は**ア**

■解説▶ 「ファイブ・フォーシズ分析（ファイブ・フォース分析）」は問1の表にもある通り，対抗度，新規参入の脅威，売り手の交渉力，買い手の交渉力，代替品の可能性の五つの側面からミクロの外部環境を整理する手法である。「ファイブ・フォーシズ」とは，「五つの力」という意味であり，「ライバル企業」，「新規参入企業」，「仕入先」，「顧客」，「代替品」のそれぞれの力から分析する手法である。本文の時計店から考えると，②の輸入品は「売り手」であり，③の人口は「買い手」を意味していると考えられる。

▶問3．正解は**イ**

■解説▶ 携帯電話が登場したことにより，腕時計を身に着ける習慣が少なくなった。スマートフォンや携帯電話は腕時計の代替品と考えられる。また，従来の腕時計から考えると，スマートウォッチなどのウェアラブル端末も代替品として考えられるであろう。アとウは社会的な変化のことであり，代替品とは直接の関係が無い。

---

11 出題テーマ　情報的資源のマネジメント，知識

▶問1．正解は**エ**

■解説▶ 他社が持ちえない知識やノウハウを所有することは競争優位を生み出すもととなる。知識やノウハウのような無形の資産はエの「情報的資源」といわれる。

▶問2．正解は**イ**

■解説▶ 言葉や数字で表現できる知識を形式知という。形式知は，マニュアルなどで継承することができる。一方，言葉や数字では表現することが難しい知識を暗黙知という。勘やコツ，熟練の技などで表現されるものが暗黙知である。暗黙知を他者と共有することや継承するために，暗黙知を形式知化する取り組みが行われている。よって，イが正解となる。

▶問3．正解は**ア**

■解説▶ 知識は重要な経営資源である。知識を創造すること，知識をほかの従業員に移転し，組織で共有することは，経営の重大な課題である。知識の創造は個人の閃きや直感，長年の経験などから生み出される活動であるが，個人間の知識を連結することでより高い知識が創造できる可能性がある。下線部(c)はこの知識の連結による知識の創造を述べている。そして，下線部(d)にある通り，知識を新しいスタッフに伝達することで知識の移転が実現できる。よって，正解はアとなる。

---

12 出題テーマ　コンプライアンス，内部通報，行政処分

▶問1．正解は**コンプライアンス**

■解説▶ コンプライアンスとは法令遵守のことであり，現代では一般的な用語となっている。ただし，単に「法令を守れば良い」ということではなく，倫理観，公序良俗などの社会的な規範に従い，公正・公平に業務を行うことを意味している。

> **Point**　コンプライアンスに反する行為が発覚すると，企業にとっては大きなダメージが与えられる。そのためコンプライアンスに反する行為が起きないような対策が重要となる。たとえば社内規則やマニュアルを作成し，徹底することである。また，コンプライアンス研修を実施し，より具体的な事例やケースを想定し，対応方法を考え，全従業員にきちんと周知させるような取り組みも有効である。

▶問2．正解は**ウ**

■解説▶ 企業内において不適切な事案などが発生した場合，自社内に設置された相談窓口などへ従業員が直接相談することを「内部通報」といい，自社ではなくマスコミなどの外部へ情報を提供することを「内部告発」という。よって，ウが正解となる。なお，「外部通報」と内部告発はほぼ同意語であるが，内部告発は内部通報制度が整備されていない事業者に対する外部通報のことを指す。

> **Point**　内部通報制度の対象は，セクハラやパワハラ，不正行為などの個別の問題から，内部統制や企業風土など，企業が抱える根本的な問題も対象になる。以前は「密告制度」ともいわれ，敬遠されがちだったが，コーポレート・ガバナンス・コードの制定など，企業統治についてますます厳しい視線が注がれるようになり，近年は，内部通報制度は企業の不祥事を防止するために有効な制度という認識が広がっている。

▶問3．正解は**イ**

■解説▶ 行政処分は，営業停止や免許のはく奪など強制力

のある処分のことであり，イが正解となる。アは行政指導のことであり，ウは行政処分とは関係のない説明文である。

▶問4．正解は**ウ**

解説 株主などによって，企業を牽制する仕組みのことを「企業統治」といい，ウが正解となる。企業統治はコーポレート・ガバナンスともいわれる。アの「行動規範」とは，組織のミッションやビジョンを実現するために，組織で大切にすべき価値観や行動を示したものであり，イの「所有と経営の分離」は，企業の所有者と経営者が分離することである。

---

13 **出題テーマ** ＢＣＰ，リスク・マネジメント

▶問1．正解は**イ**

解説 ＢＣＰとは，「事業継続計画」のことであり，イが正解となる。企業が自然災害，大火災，テロ攻撃などの緊急事態に遭遇した場合において，損害を最小限にとどめつつ，中核となる事業の継続あるいは早期復旧を可能とするために，平常時に行うべき活動や緊急時における事業継続のための方法，手段などを取り決めておく計画であり，近年は各企業において，ＢＣＰの策定が進められている。

> **Point** 大規模な地震やテロなどの危機が発生したときには，オフィスやデータセンター，従業員などの重要な経営資源が被災し，活動能力が限定されるため，すべての業務を平常時と同じ水準で継続させることは困難になる。限られた経営資源を効果的に投入するためには，業務が停止した場合に経営に及ぼす影響の大きさを具体的に評価することによって，「守るべき業務」と「守るべき水準」を事前に明確に定めておくことが重要である。なお，通常ＢＣＰでは「守るべき水準」として，業務復旧までの時間を定めることが一般的である。

▶問2．正解は**ウ**

解説 ＢＣＰは策定するだけでは意味がなく，実際に起きた際を想定し，的確な行動がとれるよう，従業員に理解を深めさせることが重要であることから，ウが正解となる。アについては，ＢＣＰは事業継続計画であり，緊急時の対処が含まれていても避難訓練とは異なる。イについては，ＢＣＰの対象が従業員とされているが，企業の事業継続に関する意思決定は，経営者が行うものであり，ア，イともＢＣＰの内容としては不適切である。

▶問3．正解は**リスク・マネジメント**

解説 企業が損失を回避もしくは低減させる取り組みを組織的に行っていくことをリスク・マネジメントという。

---

14 **出題テーマ** 創業

▶問1．正解は**イ**

解説 定款は会社の基本的事項をまとめたものであり，会社の根本をなすものであるため，「会社の憲法」ともいわれる。そのため，商号や事業内容，発行可能株式総数などを記載することになっており，イが正解となる。アは，主に求人票に記載されるものであり，ウは，従業員の就業規則に記載される事項である。

> **Point** 定款に記載される商号や事業内容などは「絶対的記載事項」とされており，必ず記載しなくてはならないものである。定款にはこのほか，絶対ではないが，効力を持たせるためには記載しておいたほうがよい「相対的記載事項」と，記載しなくてもよい「任意的記載事項」がある。

▶問2．正解は**イ**

解説 定款作成・認証後，法務局で行う設立のための手続きを「設立登記」といい，イが正解となる。私たち自然人が出生によって権利義務の主体となるように，企業などもこの登記によって，法人となり，権利義務の主体となることができる。なお，アの「募集設立」は，株式会社を設立する際に，出資者を募集して行う方法のことであり，ウの「定款認証」は，作成した定款を公証人役場において，公証人に認証してもらう手続きのことである。なお，株式会社を設立する際の流れは主に以下のとおりである。

①概要を決める（商号・事業目的・所在地など）
②印鑑作成
③定款作成
④定款の認証（公証役場）
⑤出資金の払い込み
⑥設立登記（法務局）
⑦法人設立届出書（税務署）

　このほか社会保険などの手続きが必要となる。

▶問3．正解は**ア**

解説 ビジネスの役割は，社会的な課題を解決することであり，地域の発展もその一つである。また，企業は，企業市民と呼ばれ，地域社会における市民の一人として，地域のために尽くすことが求められていることから，イとウの説明は適切である。アは，起業の定義が記されているが，起業は地域の産業振興のためとは限らないため適切な説明ではなく，アが正解となる。

▶問4．正解は**メインバンク**

解説 融資とは企業から借り入れを行うことであり，企業にとっては重要な取引である。このような融資は一つの銀行の場合もあれば，複数の銀行から受けている場合もある。一般的には，そのなかで融資額が最も多い銀行が中心

となって，企業に大きな影響力を持つ。このような銀行のことをメインバンクという。

<u>15</u> **出題テーマ** 企業家精神，ビジネス・モデル

▶**問1．正解はターゲット顧客**

解説 自社の製品やサービスを必要とする顧客をターゲット顧客という。

▶**問2．正解はア**

解説 ビジネス・モデルとは，顧客の決定，提供価値の決定，提供方法とその仕組みという一連の組み合わせである。アの「プラットフォームモデル」とは，製品やサービスの交換，ニーズのマッチングを実現する場を提供し，参加者への課金により収益を生み出すビジネス・モデルである。よって，正解はアとなる。なお，イの「ライセンスモデル」は，オリジナルの著作物や意匠物を二次利用する権利を他社へ許諾するかわりに収益を得るビジネス・モデルである。ウの「広告モデル」とは新聞，雑誌などの媒体の広告枠を顧客に提供し，その対価として広告料を受け取ることで収益を生み出すビジネス・モデルである。

▶**問3．正解はイ**

解説 事業創造を通じて社会的課題の解決を目指す一連の活動を事業化という。つまり，事業化は，社会的課題を経済的な対価の交換を伴う営利課題として解決を目指す活動といえる。A社は，働きたくても働くことができないという社会的課題を事業化することで，女性の活躍を推進させる活動を行っている。

1	問1	問2	問3
	ア	ウ	模倣可能性

2	問1	問2	問3
	新結合	ウ	イ

3	問1		問2	問3
	マクロ環境	要因	ウ	ア

4	問1	問2		問3	問4
	イ	事業の	選択と集中	ア	イ

5	問1		問2	問3
	統制	の範囲	ア	ア

6	問1	問2	問3
	ウ	ア	ア

7	問1	問2	問3
	エ	ウ	経営資源

8	問1		問2	問3	問4
	労働基準法		ウ	イ	ア

9	問1	問2	問3
	ウ	科学的管理法	ア

10	問1	問2	問3	問4
	ウ	イ	ア	資本コスト

11	問1	問2	問3
	ア	イ	IoT

12	問1	問2	問3
	イ	ア	イ

13	問1	問2	問3	問4
	イ	イ	不当表示	ア

14	問1	問2	問3	問4
	イ	イ	ア	PDCA サイクル

15	問1	問2	問3
	イ	ウ	ウ

1 出題テーマ 事業創造，競争優位

▶問１．正解はア

■解説■ アは事業機会の説明をしているため正解である。なお，イは機会費用，ウは社会課題の説明である。

▶問２．正解はウ

■解説■ 本文より，A社は原材料である鉄や真鍮などに高い付加価値を加えて，高品質のナットを生み出す変換能力があることがわかる。なお，アは効率性，イはマネジメント能力のことである。

▶問３．正解は模倣可能性

■解説■ 競合企業が類似の製品やサービスを提供できる可能性を模倣可能性という。

2 出題テーマ イノベーション

▶問１．正解は新結合

■解説■ シュンペーターはイノベーションとは労働，資本，生産手段などの新しい組み合わせであるとした。これを新結合という。

▶問２．正解はウ

■解説■ 新結合は，次の五つのタイプがある。

プロダクト・イノベーション	新しい製品機能，新しい品質をもたらす革新
プロセス・イノベーション	新しい生産方法をもたらす革新
マーケット・イノベーション	新しい販売経路をもたらす革新
サプライ・チェーン・イノベーション	原材料や半製品などの新しい供給源をもたらす革新
組織イノベーション	新しい組織をもたらす革新

下線部(b)に全国のキャベツ農家と契約し，安定供給できる体制を整えたとあることから，原材料の供給源に革新をもたらしたとわかるので，ウの「サプライ・チェーン・イノベーション」だと判断できる。

▶問３．正解はイ

■解説■ 企業は単に利益を上げるだけでなく，事業活動を通じて，社会が直面する課題を解決する責任がある。これをCSR（企業の社会的責任）という。なお，アはサステナビリティ経営，ウはコンプライアンスの説明である。

3 出題テーマ 外部環境分析

▶問１．正解はマクロ環境要因

■解説■ 長期的に影響を与える大局的な外部環境要因をマクロ環境要因という。

▶問２．正解はウ

■解説■ PEST分析では，政治的要因，経済的要因，社会的要因，技術的要因という四つの観点から，外部環境を機会と脅威の両方から検討する分析方法である。本文より，アは技術的要因，イは政治的要因，ウは社会的要因と判断できる。よって，正解はウとなる。

▶問３．正解はア

■解説■ SWOT分析はビジネスの存続に影響を与えるさまざまな要因を外部環境と内部環境の両面から整理する分析方法である。SWOT分析における外部環境の評価は，ビジネスに望ましい影響を与える要因である機会と，望ましくない影響を与える脅威について分析する。PEST分析の内容をSWOT分析につなげ，内部環境も含めたアクション・プランを決定することが重要となる。

4 出題テーマ 組織のマネジメント，選択と集中

▶問１．正解はイ

■解説■ 価格競争の要因は，市場が活性化したことで多くの企業が参入したためである。よって，正解はイとなる。なお，一般的に，市場が拡大すると，規模の経済が働き，製品１個あたりのコストは低下する傾向にあるため，ウは適切とはいえない。

▶問２．正解は事業の選択と集中

■解説■ 事業ポートフォリオの構築において，どの事業に進出し，どの程度資源を動員するかという二つのテーマがある。これらのテーマを合わせて「事業の選択と集中」という。

▶問３．正解はア

■解説■ どのような事業を選択し集中するかを判断する際の基準には，市場の成長性，市場における自社の競争力，その市場からの波及効果の三つがある。本文にスマートフォンやタブレットの市場は市場の拡大が続いているとあるため，その市場が成長していることがわかる。よって，正解はアとなる。

▶問４．正解はイ

■解説■ 事業を解散させる手続きをとることをイの「清算」という。なお，アの「MBO」とは経営陣が株主から自社株式を買い取って，独立することであり，ウの「M&A」とは他企業を自社に取り込むために行われるものである。

5 出題テーマ 組織のマネジメント，経営組織

▶問１．正解は統制の範囲

■解説■ 垂直的調整において，管理者が指揮，監督することができる人数を統制の範囲という。

▶問２．正解はア

■解説▶ 上から3番目までの階層が管理者となる。よって，管理者は5人となる。また，管理者は一つ下の階層のみ管理するため，最大は上から3番目の管理者が4番目の部下を管理している人数が最大であるため2人となる。

▶問3．正解は**ア**

■解説▶ 権限に対して責任が軽ければ，管理者は失敗しても責任を問われることが少なくなり，無責任な提案をする可能性が高くなる。また，権限に対して責任が重ければ，あらゆる失敗の責任を取らされることが多くなり，不満をつのらせることになる。

---

6 **出題テーマ** 人的資源のマネジメント，目標設定理論

▶問1．正解は**ウ**

■解説▶ 人間の活動を動機付ける要因は次のとおりである。

生存欲求	人間が生存するために喚起される基礎的な欲求
関係欲求	友人などとの関係を維持・改善したり，周囲の人たちから評価されたりしたいという欲求
成長欲求	理想とする自分になりたいという欲求

アは成長欲求，イは生存欲求，ウは関係欲求となる。よって，ウが正解となる。

▶問2．正解は**ア**

■解説▶ 適切な目標設定には次の二つが挙げられる。
1．目標は具体的で明確なものにする。
2．達成可能程度に困難なものにする。
イは1に該当し，ウは2に該当する。よって，アが正解となる。なお，目標を設定する際，リーダーは一方的に指示するのではなく，当事者と話し合うなどして，その意見を反映させると成果が高くなる傾向がある。

▶問3．正解は**ア**

■解説▶ マンダラート作成後の行動として，各目標の達成度合いを定期的に評価することが必要であると考えられている。よって，正解はアとなる。

---

7 **出題テーマ** 経営資源

▶問1．正解は**エ**

■解説▶ 経営資源は「ヒト，モノ，カネ，情報」の四つに分類されることが多い。そして，それぞれ，人的資源，物的資源，財務的資源，情報的資源と呼ばれる。下線部(a)にあるようなノウハウはエの「情報的資源」に分類される。情報的資源とは無形のもので，企業の利益に貢献しているものを指す。経営資源は以下のようなものである。

人的資源	従業員，経営者，管理者など
物的資源	原材料，完成品，工場，設備など
財務的資源	現金，預金，有価証券など
情報的資源	情報，知識，ノウハウ，ブランドなど

▶問2．正解は**ウ**

■解説▶ 企業が保有する有形の資産はすべて物的資源ということができる。アの情報機器やイの土地などの不動産のほか，社用車なども物的資源である。物的資源に恵まれているという場合，「良い仕入先を確保している」，「良い工場（店舗）を保有している」，「良い完成品（製品）提供できる」といったことを意味する。よって，ウが適切である。

▶問3．正解は**経営資源**

■解説▶ 問1，問2の解説で分かるとおり，下線部(c)のようなものを「経営資源」という。

経営資源	ヒト，モノ，カネ，情報
生産要素	土地，資本，労働

> **Point** 経営資源と似た使い方がされるものに生産要素というものがある。生産要素は主に経済学で使われる用語である。

---

8 **出題テーマ** 人的資源のマネジメント

▶問1．正解は**労働基準法**

■解説▶ 労働者を守るため，労働三法と呼ばれる三つの法律が存在する。

【労働三法】

労働基準法	労働条件について定めた法律
労働組合法	労働組合に関する法律
労働関係調整法	労使間の争いについての法律

下線部(a)は「労働基準法」を説明している。

▶問2．正解は**ウ**

■解説▶ 本来，企業は労働基準法に基づき従業員を雇用し，従業員は労働基準法の範囲で労働を提供するものである。しかし，それぞれの企業の事情などによっては，その範囲を超えなければならない場合がある。このような場合のルールを企業と労働者の間で決めたものを労使協定という。その代表的なものが，時間外労働と休日労働について定めた「36協定」である。労働基準法36条に定められていることから，このように呼ばれる。アとイは，特に意味のない誤りである。

▶問3．正解は**イ**

■解説▶ 下線部(c)はイの「フレックスタイム制」を表している。フレックスタイム制の導入当初は「1日8時間勤務

すれば，好きな時間に出勤し，好きな時間に退勤してよい」といったものであったが，その後，より改善され，「週40時間」や「月160時間」といった労働時間を条件として，好きな時間，好きな日に労働するといった「フレックスタイム制」も登場している。アの「みなし労働時間制」は，労働時間の把握が困難な業務に従事している労働者に適用されるものである。ウの「変形労働時間制」は，忙しい曜日や繁忙期の労働時間を長くする代わりに，業務の少ない曜日や閑散期の労働時間を減らすことで，全体の労働時間を労働基準法の範囲にとどめる制度である。

▶**問4．正解はア**

解説 近年，従業員の精神的な健康状態を良好に保つことが，企業の業績に直接的に結びつくことが常識となった。従業員が気持ちよく働ける環境の整備が企業の急務である。精神的な健康のことを「メンタルヘルス」という。よって，正答はアである。イは健康経営につながる文章である。身体的，肉体的な健康は精神的な健康の前提条件である。ウは従業員の健康には関係がない文章である。

9 **出題テーマ** **物的資源のマネジメント，生産工程**

▶**問1．正解はウ**

解説 ウの「フレデリック・テイラー」は19世紀後半から20世紀初頭にかけて活躍したアメリカの技術者であり，経営学者である。科学的管理法の考案者であり，マネジメントに革命をもたらした人物である。ちなみに，ガントチャートの考案者であるヘンリー・ガントはテイラーの弟子である。アの「ピーター・ドラッカー」は経営学者であり，「マネジメントの発明者」，「マネジメントの父」などと称される経営学の巨人である。イの「アブラハム・マズロー」はアメリカの心理学者で，いわゆる，マズローの欲求段階説（欲求5段階説）で知られている。

▶**問2．正解は科学的管理法**

解説 科学的管理法については，下線部(b)にある通りである。科学的管理法は，それまで経験に基づく非効率的な方法にたよっていた生産現場に，科学的な手法をもたらし，科学的な生産体制を構築するきっかけとなり，現代のマネジメントや管理の基礎となった。

▶**問3．正解はア**

解説 ボトルネックとは「瓶の首」という意味である。瓶は先が細くなっていることで，液体が一度に出過ぎてしまうことを防いでいる。この「瓶の首」が流れをせき止めているように，生産工程の流れをせき止める部分をボトルネックという。ボトルネックを発見することや，ボトルネックとなっている生産工程を改善することによって，全体の流れが良くなるのである。生産工程にはイやウのような工程は存在するが，それぞれに明確な呼称は存在しない。

10 **出題テーマ** **財務的資源のマネジメント，資金調達**

▶**問1．正解はウ**

解説 企業が発行する債券を社債という。企業と投資家の間に銀行などの金融機関が介在しない（直接金融である）ため，借り入れる企業はより低い金利の支払いで済み，預け入れる投資家（債権者）はより高い金利を受け取れることが多い。ただし，企業は高い信用力を有していないと有利な条件で社債を発行できず，投資家は企業が債務を履行できなくなるリスクを背負わなくてはならない。社債の購入者は債権者といわれ，企業の利益にかかわらず，通常，年2回利息を受け取ることができる。よって，正答はウである。アは株式についての説明である。また，社債は個人も購入することができ，購入者が経営に意見を述べることはできないためイは誤りである。

▶**問2．正解はイ**

解説 株式を発行すると資金が増加するとともに，「資本金」および「資本剰余金」が増加する。これらは自己資本（純資産，資本）であり，返却の必要はない。また，利益に応じて配当金を支払う必要があるが，利益が出なかった場合は配当金を支払わないことが多い。正解はイである。アは借入金や社債による調達のことであり，利息の支払いと返済の必要がある調達である。ウは特に意味のない説明である。

	直接金融	間接金融
デット・ファイナンス	社債	借入金
エクイティ・ファイナンス	株式	———

▶**問3．正解はア**

解説 本文に「企業が保有する資産（アセット）を売却するなどして，資金を集める方法」とあることから，資産の売却について書いてあるアが正解であることが分かる。不動産の売却のほか，長期保有有価証券の売却や売掛債権の売却（ファクタリング）などがある。イにあるエンジェルとはベンチャー企業やスタートアップ企業に投資する個人の投資家のことであり，アセット・ファイナンスとは直接関係はない。ウはクラウド・ファンディングのことである。

▶**問4．正解は資本コスト**

解説 「資本コスト」は外部から調達した資金を維持するために支払う費用のことである。デット・ファイナンスにおける利息とエクイティ・ファイナンスにおける配当金などの合計が「資本コスト」である。経営者は自社の「資本コスト」が適正であるかどうかについて，常に目を光らせなければいけない。

11 **出題テーマ** 情報的資源のマネジメント，知識の創造と共有

▶**問1.** 正解は**ア**

解説 下線部(a)以降の内容から，この技術やノウハウは言葉では表現できない暗黙知であることが分かる。よって，正答はアである。

暗黙知	言葉や数値で表現できない知識。コツ。
形式知	言葉や数値で表現できる知識。
集合知	多数の参加者の知識を結集して得た知識。

▶**問2.** 正解は**イ**

解説 下線部(b)の目的は後継者へ知識を伝えることである。したがって，知識の共有と知識の移転のイが正解である。匠などと呼ばれる日本の伝統的な技術は，修業と呼ばれるような長い訓練による経験をもとに，次の世代に受け継がれる習慣が普通であった。しかし，ライフスタイルや価値観などの変化などから，修業のような方法は若者から避けられるようになったため，よりシステム化した方法で技術を伝承することが求められている。

▶**問3.** 正解は**IoT**

解説 モノのインターネット化を「Internet of Things」といい，「IoT」と略すことが一般的である。「IoT」と同じような概念に「ユビキタス」というものがあるが，近年は「IoT」という用語を用いることが一般的になった。

12 **出題テーマ** 行政指導，情報の非対称性，株主の牽制

▶**問1.** 正解は**イ**

解説 行政による勧告は，自発的な協力を得て，適切と思われる方向に誘導するためのものである。これを「行政指導」という。よって，イが正解となる。

行政処分	法律に基づいて処分を下すものであり，営業停止や免許はく奪など強制力のあるものである。
行政指導	企業の自発的な協力を得て，適当と思われる方向に誘導する助言・指導・勧告などであり，強制力はない。

▶**問2.** 正解は**ア**

解説 情報の非対称性とは，「売り手」と「買い手」の間において，「売り手」のみが専門知識と情報を有し，「買い手」はそれを知らないというように，双方で情報と知識の共有ができていない状態のことを指すものである。保有する情報量に差があるというアが正解となる。イとウの説明文はいずれも正しいものであるが，情報の非対称性の説明ではない。

Point たとえば，中古車を販売する場合，見た目がきれいで新品同様の価格を付けて販売すれば，買い主は，新車同然と思って購入するが，実際には事故による修復歴があるかもしれない。しかし，これは売り主しか知り得ない情報であり，場合によってはこの事実を隠して販売してしまうこともあるかもしれない。このように情報の非対称性が生じるさまざまな場面においては，情報保有量の多い側のモラルが問われるのである。

▶**問3.** 正解は**イ**

解説 株主などによる企業への牽制をコーポレート・ガバナンスといい，具体的にはアの独立社外取締役の設置やウの従業員による内部通報制度などがある。イの業務執行については，取締役会が監督するものである。説明が不適切な選択肢はイであるため，これが正解となる。

○直接的牽制と間接的牽制

直接的牽制	株主自身が直接的に企業を牽制すること。株主総会において取締役の選任や解任の権限を持っている。
間接的牽制	株主がほかの第三者に委託して間接的に企業を牽制すること。取締役会や独立社外取締役，監査役などに経営者を監督してもらう。

13 **出題テーマ** 税金，コーポレートガバナンス

▶**問1.** 正解は**イ**

解説 消費税は，国税と地方税に分けられるが，納める人と負担する人が異なる間接税であるため，直接税とあるイの説明が適切ではなく，これが正解となる。アの印紙税とウの法人税・固定資産税の説明は正しい説明である。

○直接税と間接税

直接税	納める人と負担する人が同じ税金
間接税	納める人と負担する人が異なる税金

○国税と地方税

国　税	国に納める税金
地方税	都道府県および市区町村に納める税金

○企業に課せられる税金の例

法人税	法人の事業から生じた所得に課せられる国税。
事業税	法人の事業から生じた所得に課せられる地方税。
住民税	法人の所得に課せられる税金と資本金等に応じて課せられる地方税。

固定資産税	土地や建物，設備など企業が保有する財産に課せられる地方税。
印紙税	契約書や領収証など取引に関連した書類に課せられる国税。
消費税	製品やサービスの消費に課せられる国税と地方税。

> **Point**　企業に課せられる税金のなかでも法人税の存在は大きい。法人税は事業所得に課せられるものであるため，当期純利益が生じた場合に発生する。つまり，当期純損失（赤字決算）の場合は，課税されないことになっている。近年は，法人税の減税政策が行われてきたが，社会情勢の変化により法人税も増税へと政策が切り替わりつつある。

▶**問2．** 正解は**イ**

解説　キャピタルゲインとは，株式の売却による値上がり益のことであり，インカムゲインとは，配当金など資産の保有による収益のことであるため，イが正解となる。なお，株主優待は配当金と同じインカムゲインである。

▶**問3．** 正解は**不当表示**

解説　消費者に誤認させるような表示のことを不当表示といい，景品表示法によって禁止されている。

> **Point**　不当表示は景品表示法によって禁止されているが，大きく三つに分けられる。一つ目は，優良誤認表示である。優良誤認表示とは，商品の品質（原材料，添加物，効能など），規格（国や地方公共団体が定めた規格，等級など），その他の内容（原産地，有効期限など）について，実際のものよりも著しく優良であると示す表示や，事実と異なり競争業者のものよりも著しく優良であると示す表示のことをいう。たとえば，一般の国産牛を松阪牛として表示するようなものである。二つ目は，有利誤認表示である。有利誤認表示とは，商品の価格その他の取引条件（数量，保証期間，支払い条件など）について，実際のものまたは競争業者のものよりも取引の相手方に著しく有利であると一般消費者に誤認される表示のことである。たとえば，「今なら半額」と表示しているが，実際はいつもその金額で販売していたなどである。三つ目はその他誤認されるおそれのある表示であり，無果汁飲料や老人ホームなどの内閣総理大臣が指定されたものの表示について定められている。

▶**問4．** 正解は**ア**

解説　企業の意思決定手順や監督機能が働くような仕組みづくりを「コーポレート・ガバナンス」といい，アが正解となる。イの「コンプライアンス」は法令遵守のことであり，ウの「ディスクロージャー」は，情報開示のことで，企業の業績や実態を投資家などのステークホルダーに知らせることである。

> **Point**　ディスクロージャーとは，企業の社会的責任が強調されてきているなか，一般投資家や株主，債権者などに対して，経営内容などの情報を開示することをいう。法令諸規則に基づき開示される財務諸表や有価証券報告書，アニュアルレポートなどによって情報開示は行われる。日本では，金融商品取引法によって規定されているものと，会社法によって規定されているものとがあり，企業のホームページのIR情報などで確認できる。

⑭ **出題テーマ**　事業創造

▶**問1．** 正解は**イ**

解説　既存企業における事業創造のことを「新規事業の立ち上げ」という。よって，イが正解となる。アの「創業」は，新しく企業を起こすことであり，ウの「募集設立」とは，株式会社を設立する際に，株式の引き受けを行ってくれる者を募集する設立方法のことである。

> **Point**　アントレプレナーがゼロから新しい会社を創業する「起業家」を指す一方，企業内で新規事業を立ち上げ，そのリーダーとなって新事業を牽引する人を「イントラプレナー」と呼ぶ。本問におけるA社の創業者はまさに新事業立ち上げの責任者であり，イントラプレナーである。

▶**問2．** 正解は**イ**

解説　SWOT分析は，自社の内部環境と外部環境をStrength（強み），Weakness（弱み），Opportunity（機会），Threat（脅威）の四つの要素で分析していくフレームワークである。内部環境とは自社の力で変えていくことができる要因であり，プラス要因を「強み」，マイナス要因を「弱み」と呼ぶ。外部環境は自社の力だけでは変えることが難しい要因であり，プラス要因を「機会」，マイナス要因を「脅威」と呼ぶ。よって，イが正解となる。

Point 　SWOT分析を行うことによって事業計画に深みが増すことになる。また，SWOT分析によって各要因がまとめられたら，次に「クロスSWOT分析」を行うことで，より深く方向性を導き出すことができる。たとえば，強み×機会による積極化戦略，強み×脅威による差別化戦略，弱み×機会による改善戦略，弱み×脅威による防衛または撤退といった戦略の方向性である。事業計画時には，強み×機会による積極化戦略や強み×脅威による差別化戦略を考えることができれば，事業の方向性も定まってくる。

▶**問3．正解はア**

解説　新たなビジネスを立ち上げるにあたり，資金調達の際に投資家や金融機関に事業内容を説明するためにまとめた資料をアの「事業計画書」という。事業計画書には次のような内容を盛り込むことが一般的である。

　・事業者経歴，メンバー氏名
　・事業のビジョン，理念，目的
　・事業の概要，市場規模，位置づけ
　・事業戦略，強みと優位性，マーケティング計画
　・収支予測，利益計画，生産計画
　・資金計画，資金調達の方法
　・事業に対する思い

▶**問4．正解はPDCAサイクル**

解説　計画（Plan）→実行（Do）→評価（Check）→改善（Act）をくり返していくことで，よりよい結果を生み出していくサイクルのことをPDCAサイクルという。本問の場合，チャレンジと失敗が「実行」であり，多くの学びを得た点が「評価」であると考えられる。起業においては，こうすればよいという成功に向けた絶対的な正解はない。また，どんなに念入りな計画を立てても想定外の出来事に遭遇することも多々あるため，PDCAサイクルをきちんとくり返していくことで，自らの力で事業を成功へと導いていくことが重要である。

---

15 **出題テーマ**　CSR，ビジネス・モデル

▶**問1．正解はイ**

解説　企業の社会的責任を果たすため，環境問題や人権問題などの解決を目指す取り組みのことを「CSR活動」といい，イが正解となる。アの「コンプライアンス」は法令遵守のことであり，ウの「コーポレート・ガバナンス」は企業統治のことである。

▶**問2．正解はウ**

解説　顧客への継続的な課金を通じて収益を生み出す手法のことをサブスクリプション（継続課金モデル）といい，ウが正解となる。アはライセンスモデルの説明であり，イはプラットフォームモデルの説明である。

▶**問3．正解はウ**

解説　競合企業と比較して独自性や専門性が高く，容易には模倣されない商品を提供する能力のことを「コア・コンピタンス」といい，ウが正解となる。アの「インセンティブ」とは，人々の意思決定や行動を変化させるような要因，報酬のことであり，イの「スタートアップ」とは，創業または起業のことである。